AF565275

Saeta Godetide

Wikinger-Kochbuch

Zauberfeder Verlag, Braunschweig, Germany

Saeta Godetide
Wikinger-Kochbuch
Originalausgabe © 2010 Verlag J. Neumann-Neudamm AG

4. Auflage 2025

Text: Saeta Godetide
Lektorat: Stephan Naguschewski
Fotos: Saeta Godetide, mit Ausnahme der unter Einzelbildnachweise genannten
Art-Direktion: Christian Schmal
Satz und Layout: Jeanette Killmann, Martin Schneider (Glorienschein GbR)
Herstellung: Tara Moritzen
Verlag: Zauberfeder GmbH, Witzlebenstr. 2, 38116 Braunschweig, Deutschland, info@zauberfeder.de
Druck und Bindung: Dardedze hologrāfija SIA, Riga
Redaktionelle Betreuung der Originalausgabe: Carolin Küllmer

Einzelbildnachweise
Alex Stemmer (Adobe Stock), Seiten 4/5 • 孝典 新留 (Adobe Stock), Seite 10 • anaumenko (Adobe Stock), Seite 17 (rechts) • Freepik, Seiten 18, 95 • jamenpercy (Adobe Stock), Seite 21 • Jordan (Adobe Stock), Seiten 24/25 (oben) • tinadefortunata (Adobe Stock), Seite 25 • wrzesientomek (Adobe Stock), Seite 33 • jamenpercy (Adobe Stock), Seite 36 • margo555 (Adobe Stock), Seite 42 • exclusive-design (Adobe Stock), Seite 43 (links) • supamas (Adobe Stock), Seite 45 • Pixabay, Seiten 46, 59 (rechts), 83, 85, 93, 99 (links), 100, 123, 125 (unten) • Fanfo (Adobe Stock), Seite 50 • Pexels, Seiten 51, 54/55, 59 (oben links), 63, 64 (unten rechts), 68 (unten), 109, 121 • Maciej Czekajewski (Adobe Stock), Seite 52 (oben) • Comugnero Silvana (Adobe Stock), Seite 52 • nedim_b (Adobe Stock), Seite 57 • minadezhda (iStock), Seite 58 • callipso (Adobe Stock), Seite 60 (groß) • Petra Fischer (Adobe Stock), Seite 60 (klein oben) • marysckin (Adobe Stock), Seite 62 • Glaser (Adobe Stock), Seite 80 • Marco2811 (Adobe Stock), Seite 81 • Zarina Lukash (iStock), Seite 90 • Levon (Adobe Stock), Seite 96 • Igor Igorevich (Adobe Stock), Seite 102 • Wikipedia Commons, Seite 115 • Printemps (Adobe Stock), Seite 116 • Liv Friis-larsen (Adobe Stock), Seite 118 • Maksim Shebeko (Adobe Stock), Seite 124 • Butch (Adobe Stock), Seite 126 • Nantapong Kittisubsi (Adobe Stock), Seite 132 (links) • Michael Zech (Adobe Stock), Seite 133 (links) • kcuxen (Adobe Stock), Seite 134 • New Africa (Adobe Stock), Seite 136 • Carmen Steiner (Adobe Stock), Seiten 65, 68.

Pawel Ernst, Seiten 6, 140 (Mitte) • Carolin Küllmer, Seiten 12, 13, 14, 15, 19, 20, 28, 71, 104, 129 (links) • Oliver Klimnach, Seite 35 (links) • Simone Schwagmann, Seite 105 (rechts).

Aus dem Archiv der Autorin (mit Bildern von Freyja Thoradottir, Jakob Urmischbach, Saeta Godetide, Carolin Küllmer und Frank Henning), Seiten 8, 22, 23, 25 (Mitte links), 26, 29, 31 (oben), 31 (unten), 32 (oben), 32 (unten), 34, Seite 35 (rechts), 38, 38/39, 40 (klein), 42 (links), 43, 44 (klein), 47, 56, 64, 66, 70, 74, 75 (links), 75 (rechts), 78, 79, 88/89, 105, 106/107, 111, 125 (oben), 140 (oben), 140 (Mitte), Seite 140 (unten).

Aus dem Archiv des Verlags Neumann-Neudamm (mit Bildern von Ronald Blöcher und Stephanie Krätschmer), Seiten 17 (oben), 24 (links), 24 (Mitte), 32 (Mitte), 103, 128 (links), 128 (Mitte), 128 (rechts), 129 (rechts), 132 (klein links), 132 (klein unten), 133 (klein).

Jens Christoph (Food-Styling: Tino Kalning), Seiten 18, 44, 48, 69, 72/73, 76, 82, 84, 86, 92, 94, 96, 98, 99 (rechts), 100 (klein), 101, 108, 110, 112, 115, 120, 122, 130/131.

Printed in Latvia
ISBN: 978-3-96481-003-8
www.zauberfeder.de

SAETA GODETIDE

WIKINGER KOCHBUCH

Andhrimnir lässt in Eldhrimnir
Sährimnir sieden,
Das beste Fleisch; doch erfahren wenige,
Was die Einherjer essen.

Geri und Freki füttert der krieggewohnte
Herrliche Heervater,
Da nur von Wein der waffenhehre
Odin ewig lebe.

Aus der Edda, *Grimnirlied*
(*Grímnismál* Strophe 18, 19)

INHALT

VORWORT

Dunkelheit senkt sich über das Lager. Doch irgendwo zwischen den Zelten brennt noch ein Feuer; drum herum sitzen Männer und Frauen, auch einige Kinder. Sie tragen Wollmäntel, Tuniken, Lederkappen und Fellmützen. Die Männer haben jetzt Kettenhemden und Helme abgelegt, haben die Schwerter von den Gürteln geschnallt und Schilde und Gere zur Seite gestellt. Am Feuer machen Geschichten die Runde. Geschichten von Schlachten, die am Tag geschlagen wurden. Blessuren werden vorgezeigt, blaue Flecken stolz wie Trophäen getragen.

So mag es damals gewesen sein, am Abend nach einer Schlacht, wenn die Menschen, die wir heute Wikinger nennen, miteinander tranken, wenn sie feierten und lachten. Und aßen.

Denn so heißt es in der altnordischen Spruchdichtung *Hávamál*: „Iss ausgiebig vor jeder Feier. Plagt dich der Hunger, kannst du nicht der Unterhaltung beim Feste folgen."

Das wollen wir uns auch heute noch zu Herzen nehmen, tausend Jahre später, wenn die Menschen zusammenkommen, die mit großer Leidenschaft das Leben der Wikinger nicht nur erleben, sondern leben: ihre Kleidung, ihr Handwerk, ihre Waffen und Kämpfe. Ihr Essen. Living History, gelebte Geschichte, nennt man das. Oder Reenactment, die Nachstellung historischer Schlachten und das Leben längst vergangener Zeiten.

Mehr als zehn Jahre sind vergangenen, seit ich auf einem Mittelaltermarkt die Wikingerköchin Saeta Godetide zum ersten Mal traf. Damals hatte ich gerade meinen ersten Roman geschrieben, der in der Wikingerzeit spielt; inzwischen sind einige weitere dieser Bücher entstanden. Beim Schreiben solcher Geschichten ist es hilfreich, die Handlungsorte zu besuchen – von alten Wikingersiedlungen wie Haithabu oder Ribe bis hin zu den Überresten der Ringburgen auf Jütland oder den Stätten großer Schlachten wie die Mündung des Limfjords.

Und es ist hilfreich, sich mit Leuten zu unterhalten, die sich mit dem Leben der Wikinger auskennen. So wie Saeta. Oder auch Uwe Schirm, bekannt als Skjaldar Arwedson, der in einigen meiner Romane eine leidgeprüfte Rolle übernahm. Viele ihrer Hinweise sind in meine Geschichten eingeflossen.

Wir sitzen also vor Saetas Zelt, plaudern über das Essen der Wikinger, über Stoffe, Kleidung, Schmuck und alte Waffen. Und dann tischt Saeta ihr Met-Huhn auf. Was soll ich sagen, liebe Leserinnen und Leser dieses Kochbuchs? Großartig. Einzigartig. Ein vortrefflicher Genuss! Beim Gedanken daran läuft mir heute noch das Wasser im Munde zusammen. Dazu der Geruch der Lagerfeuer, der Met im Becher, mittelalterliche Musik mit Laute, Trommel und Sackpfeife. Und – da darf jetzt ruhig ein bisschen Neid aufkommen – es war nicht Saetas letztes Mahl, von dem ich kosten durfte.

So hocken wir dann bald satt von Huhn und Brot am Buchenholzfeuer. Die Scheite knacken, der Wind flüstert durch die Zelte, die Vögel verstummen, aber die Geschichten enden nicht. Skjaldar und andere Wikinger berichten von ihren Kämpfen, lachen über Hiebe, Knuffe und Schwertgesang auf dem Schlachtfeld, erzählen, wie ein Krieger stöhnt und schwitzt, wenn er bei vierzig Grad Hitze unter Helm und Kettenhemd zerfließt.

Met und Bier werden nachgeschenkt. Und wir essen und trinken auf das Wohl der Freunde und der alten Götter. Odin, Thor, Freya und Co. mögen sich in Asgard wohlig über die Bäuche streichen, wenn ihnen die von Saetas Kochtöpfen und Herdfeuer aufsteigenden Gerüche in die Nasen steigen – und bei der Lektüre dieses Kochbuchs. Und dann natürlich beim Nachkochen der Rezepte, beim Nachbraten, Nachdünsten und was man sonst noch so alles anstellen kann mit den Gaben der Natur.

Um es also mit den Worten der alten Götter zu sagen: „Esst, Freunde, esst – solange das Huhn heiß und die Pastinake nicht verkocht ist, und spült mit ordentlich Met nach!" (Ich muss allerdings einräumen, dass das Götterzitat nicht zwingend verbürgt ist.)

Viel Vergnügen mit diesem Buch wünscht

Axel S. Meyer

Romanautor und Journalist

EIN EXKURS IN DIE ZEIT UNSERER RAUEN VORFAHREN

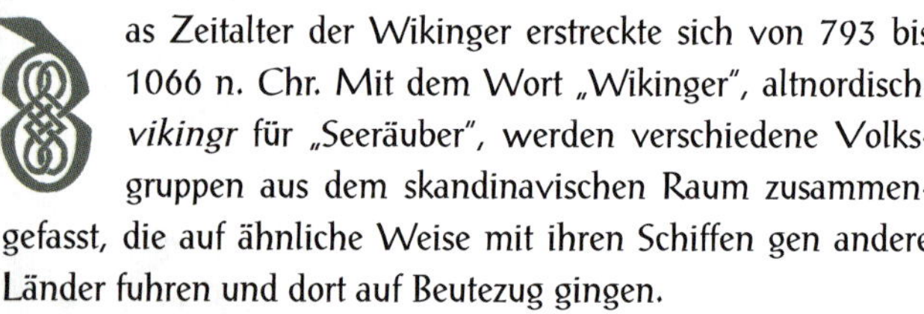

Das Zeitalter der Wikinger erstreckte sich von 793 bis 1066 n. Chr. Mit dem Wort „Wikinger", altnordisch: *vikingr* für „Seeräuber", werden verschiedene Volksgruppen aus dem skandinavischen Raum zusammengefasst, die auf ähnliche Weise mit ihren Schiffen gen andere Länder fuhren und dort auf Beutezug gingen.

Wir markieren den Beginn der Wikingerzeit mit dem ersten Raubzug norwegischer Seefahrer auf das als Heilsstätte in ganz Europa angesehene Mönchskloster St. Cuthbert auf der kleinen Insel Lindisfarne in der nordenglischen Grafschaft Northumberland am 8. Juni 793 – so gibt es die angelsächsische Chronik an.

Darauf folgende Überfälle auf das keltische Irland und viele weitere Länder bis hin zur Christianisierung, der langsamen Verdrängung des Heidentums und der Eroberung Englands durch den Normannen Wilhelm den Eroberer im Jahre 1066 zeichnen den Weg und das Ende der Wikingerzeit weiter.

Mit dem Fall des englischen Königs Harold Godwinsson in der historischen Schlacht bei Hastings am 14. Oktober 1066 und dem Tod des letzten norwegischen Wikingerkönigs Harald Hardråde (der Harte) durch die Truppen Godwinssons in der Schlacht von Stamford Bridge am 25. September 1066 wird das Ende einer Ära eingeleitet, die bis in die heutige Zeit Historiker, Archäologen, Literaten und historische Reenactmentgruppen aus ganz Europa in ihren Bann zieht.

Wir befinden uns bei unserer kulinarischen Reise in Skandinavien und den nordischen Ländern mitten in einer wilden Zeit, geprägt durch Beutezüge und Raubfahrten jener meisterhaften Seefahrer, die sich ohne Seekarte und Kompass den Naturgewalten aussetzten. Aber auch in einer Zeit des Handels und Tauschens, kunstvollen Handwerks und der Errichtung erster Handelsstädte, wie Haithabu bei Schleswig und Birka in Schweden sowie Århus und Ribe in Dänemark.

Die Ära der Wikinger ist von einer vielfältigen und interessanten Kultur geprägt, die sich mit der verallgemeinerten Vorstellung von Barbaren und mordenden Plünderern, die ganze Dörfer abbrennen und christliche Jungfrauen schänden, längst nicht mehr deckt. Die ehemals fahrenden Nordmänner wurden sesshaft und besiedelten Gebiete wie Island oder die Normandie.

Die Nordleute waren auf ihren Streifzügen durch das mittlere Europa nicht ausschließlich auf Beutezug. Sie waren auch ausdauernde Entdecker und Siedler, wie Leif Eriksson, der im späten 10. und frühen 11. Jahrhundert weite Strecken zurücklegte und als erster Europäer den Kontinent des heutigen Amerika betrat. Außerdem waren sie geschickte Handwerker und Händler, die auf der Suche nach lukrativen Geschäften im 10. Jahrhundert die Inseln und Küstenregionen Europas mit ihren Schiffen anliefen – auf Flusswegen schafften sie es bis nach Paris und Russland. Ihr dichtes Handelsnetz umfasste nicht nur die Küsten Europas, sondern auch Teile des Orients, wie Persien.

Getauscht wurden orientalische Sklaven und Leibeigene beiderlei Geschlechts und jeden Alters, welche häufig als Arbeitskräfte genommen wurden und Tauschwert besaßen, sich aber unter Umständen freikaufen und in die unterste Gesellschaftsklasse aufsteigen konnten. Sklaventum war erblich und ging auf die Kinder über. Beliebte Handelsgüter sind anhand archäologischer Funde gut rekonstruierbar. Man bezog unter anderem Walrosselfenbein aus Grönland, Keramik und Glaswaren aus dem Rheinland und Mühlsteine aus der Eifel. Einheimische Ware, wie selbst gemachter Honig, Bernstein und Speckstein aus Norwegen, Wachs, Tierfelle und -häute sowie geschmiedete Waffen und nicht zuletzt die auf Raubzügen erbeuteten Sklaven wurden gerne gegen Edelmetalle, Stoffe (Seide und Brokat), Wachs und Färbemittel, Rüstzeug, Schmuck und – was für uns im Zusammenhang mit diesem Buch wichtig ist – exotische Gewürze eingetauscht.

WIE GEWINNEN WIR UNSERE ERKENNTNISSE?

Die Wikinger, wie wir sie uns vorstellen, mögen heutzutage von der Bildfläche verschwunden sein, aber Teile ihrer Kultur und Sprache sowie Spuren ihres Lebens sind uns erhalten geblieben. Allein in der historischen und damals größten Wikingersiedlung von Haithabu (Hedeby) in Jütland wurden bei Grabungen 340.000 Funde gemacht.

Die Siedlungen Ribe (gegründet um 705) und Birka (gegründet um 750) enthielten ebenfalls einen reichen Bestand an Fundstücken. Anhand von Grabbeigaben aus Grabhügeln in ganz Skandinavien kann ebenfalls viel über das Leben der Wikinger rekonstruiert werden.

Für unser Kochbuch, das die alte Zeit zumindest auf dem kulinarischen Sektor wieder aufleben lassen möchte, ist das sehr hilfreich, da es im heidnischen Skandinavien, das von mündlichen Überlieferungen seiner alten Sagas und Geschichten geprägt war, natürlich noch keine Kochbücher gab, die uns genaue Rezepturen und Zusammensetzungen von Mahlzeiten der Wikingerfamilien liefern konnten.

Die frühesten Kochbücher aus Skandinavien stammen aus den Jahren zwischen 1300 und 1350. Die Rezepte dieser Bücher

basieren auf der Tradition der übrigen mittelalterlichen Welt. So sind zum Beispiel Parallelen zur deutschen und französischen Küche zu erkennen. Die Bücher enthalten Rezepte für Milch- und Eierspeisen, Saucen und Geflügelgerichte.

Aus Nebenbemerkungen in den Sagas und in den Eddas können wir zwar teilweise entnehmen, welche Rohstoffe verzehrt wurden, jedoch nicht, wie viel und wie diese Lebensmittel zubereitet, aufbewahrt oder konserviert wurden.

Der nahezu 70 Meter lange Teppich von Bayeux, eine Stickarbeit aus dem 11. Jahrhundert, zeigt uns detailliert ein Festessen mit diversen Fleischsorten und Geflügel.

In Strophe 24 und 25 der *Thrymskvida* können wir Folgendes über die Essgewohnheiten der männlichen UND weiblichen Festgesellschaft lesen:

> Man reichte reichlich den Riesen das Ael.
> Thor aß einen Ochsen, acht Lachse dazu,
> Alles süße Geschleckt, den Frauen bestimmt,
> Und drei Kufen Met trank Sifs Gemahl.
>
> Anhob da Thrym der Thursenfürst:
> „Wer sah je Bräute gieriger schlingen?
> Nie sah ich Bräute so gierig schlingen,
> Nie mehr des Mets ein Mädchen trinken."

Originalrezepte aus der Wikingerzeit existieren nicht, jedoch geben Ausgrabungen Aufschluss sowohl über die verwendeten Gerätschaften als auch über die Zutaten. Eine weitere Problematik ist das Verbreitungsgebiet der Wikinger über Nordeuropa bis nach Island und Russland. Es ist nicht anzunehmen, dass man dort überall das Gleiche gegessen hat. Bei unseren Rezepten halten wir uns an das, was man den Ausgrabungen vor allem in den nordischen Siedlungsgebieten entnehmen kann.

Wir versuchen also die Lebensmittel und Mahlzeiten zu rekonstruieren, die damals vorhanden oder verfügbar waren, und betrachten die Essgewohnheiten im Wechsel der Jahreszeiten. Es war nicht wie in Zeiten von Lebensmitteldiscountern und Kühlschränken alles gleichzeitig und immer vorhanden – oft musste improvisiert werden. Auch wurden Speisereste des Vortages bei Nahrungsknappheit nicht einfach im Hausmüll entsorgt und neue Gerichte gekocht, sondern das gegessen und zusammengewürfelt, was vorhanden war.

Bodenproben aus Mooren und vom Grunde skandinavischer Seen liefern uns Daten darüber, welche Pflanzen in der Wikingerzeit wuchsen. Durch die archäologische Untersuchung von (Haus- und Küchen-)Abfällen aus ehemaligen Wikingerwohnstätten gewinnen wir weitere Erkenntnisse über die Essgewohnheiten der damaligen Zeit. In Haithabu wurden neben Haustieren anhand Tausender Knochenbruchstücke 118 wild lebende Arten von Wirbeltieren nachgewiesen und auch die Art der Schlachtung konnte rekonstruiert werden. Pfeilspitzen in einer Kolbenform, die man zum Jagen für Vögel und Säuger benutzt hatte, Zinken von Fischspeeren, diverse Angelhaken und Beschwerer für Fischernetze lassen auf die speziellen Jagd- und Fangtechniken schließen.

LECKERES MUTMASSEN – WAS WURDE GEKOCHT?

Muse und Breie

Im Europa des Frühmittelalters standen nicht Nutella und Toast, sondern Breie und Muse ganz oben auf dem täglichen Speiseplan. Tomaten (aus dem aztekischen *Xitomatl*) und Kartoffeln, die heute eine Selbstverständlichkeit sind, kannten die Wikinger noch nicht, denn diese südamerikanischen Gemüsesorten wurden erst viel später in Europa eingeführt. Das Gleiche gilt für den aus Mexiko stammenden Mais *(Zea mays)*, den Kolumbus in der Karibik entdeckte und mit nach Spanien brachte.

In den skandinavischen Ländern wurden überwiegend Gerste, Hafer und Roggen auf den Feldern kultiviert, auch Buchweizen (der Samen eines Knöterichgewächses). Selten war Weizen, welcher ein gemäßigteres Klima benötigt. Der Weizen in seinen drei Grundformen Einkorn, Emmer und Dinkel ist eine der ältesten Getreidesorten überhaupt.

Man schrotete die Getreidesorten und verkochte sie mit Meerwasser oder gesalzenem Wasser. Teilweise vermischte man sie auch mit Raps und Leindotter, welcher zu den Kreuzblütlern zählt, und röstete sie vor dem Mahlen, um die Speise zumindest etwas abwechslungsreicher zu gestalten. Auch der Buchweizen wurde in der Wikingerküche gerne verwendet und zu Grütze verarbeitet. Havregrøt (Haferbrei), ein bekanntes schwedisches und norwegisches „Arme-Leute-Essen", wird noch bis in unsere moderne Küchenzeit zubereitet.

Ackerunkräuter wie Spörgel, Knöterich, Ackerveilchen und Gänsefuß wurden in schlechten Zeiten in den Brei gemischt, um ihn geschmacklich zu verändern, während reiche Familienverbände Dickmilch, Sahne oder Butter zufügten oder Kräuter, getrocknete Früchte und Nüsse zusetzten, wie wir es heute in unserem Frühstücksmüsli kennen. Das war auch auf Festen eine gelungene Abwechslung zu der mit der Zeit wahrscheinlich eintönigen Alltagskost.

Im kargen Island wurde Mehl teilweise durch Isländisches Moos erfolgreich ersetzt, welches getrocknet genauso gemahlen werden konnte, oder man nahm Erbsenmehl. Die Nordmänner kneteten Teigfladen aus ihrem Mehl, die in Pfannen mit langen Stielen ohne Hefe gebacken wurden. Auf Hefe wurde verzichtet, weil in den meisten Fällen die anfliegenden Milchsäurebakterien und Wildhefen den Teig schlecht werden ließen, anstatt ihn aufzutreiben. Im rauen skandinavischen Klima war man deswegen auf „Ansatzglück" angewiesen, bei dem der Sauerteig oder die Hefe gelungen waren. Ein kleiner Rest des Teiges wurde dann immer für zukünftige Backprozesse oder für Met und Bier aufbewahrt.

Brot und Fladen

Gerstenmehl und Roggenmehl bildeten die Grundlage zum Brotbacken, denn Weizenmehl war rar und somit sehr teuer, womit man auch hier wieder einen Unterschied zwischen reich und arm merkte. In der Edda wird Brot aus Weizen im *Rigr-Lied* (Strophen 28/29) zusammen mit dem ebenfalls seltenen Wildbret erwähnt:

> Da brachte die Mutter geblümtes Gebild
> Von schimmerndem Lein, den Tisch zu spreiten.
> Linde Semmel legte sie dann
> Von weißem Weizen gewandt auf das Linnen.
>
> Setzte nun silberne Schüsseln auf
> Mit Speck und Wildbret und gesottnen Vögeln;
> In kostbaren Kelchen und Kannen war Wein:
> Sie tranken und sprachen, bis der Abend sank.

Das so entstandene knäckebrotähnliche Fladbröd, wie wir es heute unter diesem Namen noch in Norwegen und Island kennen, war ein haltbares Hartbrot, das auf den langen Schifffahrten für die Besatzung eine dankbare Nahrungsquelle und Schutz vor Skorbut, der gefährlichsten Vitamin-C-Mangelerkrankung der mittelalterlichen Seefahrt, darstellen konnte. Man vermischte es mit Kiefernborke, sodass es dem Körper wichtige Nährstoffe zur Verfügung stellte. Nach Gebissfunden zu urteilen waren die Zähne der Wikinger dennoch in teilweise desaströsem Zustand, was an den kleinen Gesteinsresten aus den Handmehlmühlen liegen mochte. Diese schädigten den Zahnschmelz schwer, sodass sich weiche Nahrungsreste festsetzen konnten.

Milchprodukte

Die Milchwirtschaft der Nordländer war hoch entwickelt und in den kalten Ländern Skandinaviens, Finnland, Norwegen und Nordschweden, wo das Kultivieren von Land für die

Bauern aufgrund der klimatischen Bedingungen oft nicht mehr möglich war, stellten Schafe, Ziegen und Kühe als Milchvieh eine gute Nahrungs- und Proteinquelle dar, wobei Kühe die Hauptmilchquelle bildeten.

Auch weiter im Süden, wo sich Heide und Moor ausbreiteten, etablierte sich die Haltung und Zucht dieser Herdentiere. Aus der Milch, die man selten frisch trank, wurden verschiedene Käsesorten hergestellt und meist stark mit Salz versehen. Zudem gab es Buttermilch, Dickmilch (in gesalzener Form Skyr genannt, ebenfalls haltbarer Bordproviant auf Schiffen) und Sauermilch, Butter, Sahne und eine Art Joghurt.

Gewürze, Gemüse, Kräuter

Im Süden des Nordens, Schleswig-Holstein, Dänemark und Südschweden, fand man in frühmittelalterlicher Zeit eine erstaunliche Auswahl an Gemüsepflanzen und Kräutern. (Puff-/Pferde-)Bohnen, Erbsen, Kohl, Rübensorten, Zwiebeln, Lauch, Knoblauch, Kümmel, Senf und diverse Garten- beziehungsweise Küchenkräuter (zum Beispiel Kresse, Petersilie und Dill) können anhand von Bodenfunden nachgewiesen werden. Die Zwiebel und zwiebelartige Gewächse galten als das bevorzugte Gemüse der Wikinger. Sie werden unter anderem in der *Laxdæla saga* erwähnt. In seinen Reisetagebüchern aus dem Jahr 922 erwähnt der arabische Kalifengesandte Ibn Fadlan (er berichtete nach seiner Reise sehr detailgetreu über Leben, Aussehen und Kultur der Wolgabulgaren, der nördlichen Nachbarn der Rus-Wikinger), dass Zwiebelsuppe verwundeten Kriegern verabreicht wurde (vor allem bei Unterleibsverletzungen). Strömte nach einer Weile Zwiebelduft aus der Wunde, waren innere Organe verletzt, was den Tod bedeutete.

Die Bauern unter den Wikingern hatten Gemüse- und Kräutergärten (*kálgardr* für Kohlgarten), die sie mit großer Sorgfalt pflegten. Das Betreten fremder Gärten und Stehlen von Kräutern und Gewürzen war mit teils harten Strafen verbunden. Was man nicht selbst anbaute, sammelte man in der Wildnis. Samen dienten der Gewinnung von Ölen (Rapsöl, Leinsamenöl).

Bei archäologischen Funden aus dem irischen Dublin und dem nordenglischen Territorium der Nordmänner, Jórvík (das spätere York), wies man Pastinaken und Karotten nach und man entdeckte neben den schon erwähnten Gemüsesorten Radieschen, Sellerie und Spinatpflanzen. Bei Svendborg (deutsch Schwenburg) auf Fünen, Dänemark, konnte man Spuren von Endivienpflanzen nachweisen. Darüber hinaus fand man Pilze und genießbare Seepflanzen (genießbare Algenarten waren damals wie im heutigen Japan eine ganz normale Speise), die man zur Haltbarmachung trocknete.

Die Wikingervölker nutzten ihre Handelsbeziehungen nicht nur für Waffen und Gebrauchsgegenstände. Aus dem Orient importierten sie für die damalige Zeit exotisch anmutende Gewürze wie den schwarzen Pfeffer, Ingwer, Muskatnuss, Kümmel, Anissamen, Lorbeerblätter, Safran, Kardamom, Gewürznelken, Muskatblüte und Zimt. Viele Gewürze und für die Heilung verwandte Kräuter wuchsen auch im Norden Europas wild und andere, die es nicht taten, gelangten spätestens zur Römerzeit (aber vermutlich schon viel früher) durch das breite Handelsnetz nach Nordeuropa.

Zu den heimischen Gewürzpflanzen und Kräutern und denen aus den Gebieten des Danelag (Teile der angelsächsischen Königreiche Northumbria und Mercia sowie East Anglia im Nordosten Englands – der Begriff wurde erst im 11. Jahrhundert verwendet) und Jórvíks gehörten Hopfen, Koriander und Dill. Auf Grabhügeln bei Oseberg fand man Meerrettich, Senfkörner, Brunnenkresse und Kümmel. Thymian (in Island *blóðberg*), Knoblauch (wurde nicht in den Kräutergärten angebaut und musste wild gepflückt werden), Essig, Liebstöckel, Petersilie, Mohn, Rainfarn (Rainfarnkuchen sind kleine Gebäckstückchen, die zum Osterfest verzehrt wurden), Fenchel, Honig, Senfkörner und Pfefferminze ergänzten den Würz- und Speiseplan.

Man aß auch Wildpflanzen wie Löwenzahn (der Sol geweiht und auch Sunnawirbel genannt, soll blutreinigend wirken) und Sauerampfer, die in den milden Gegenden Skandinaviens zu finden waren. Die Brennnessel (auch Donarnessel), die in der Mythologie dem Donnergott Thor zugeschrieben wurde, wurde ebenfalls verspeist. Sie sollte bei Frauen die Gebärfähigkeit steigern und bei Männern die Potenz fördern, ähnlich wie auch Eberwurz. Vielen Kräutern und Gewürzen, die in der Natur zu finden waren und nicht angebaut wurden, wurden spezifische Fähigkeiten und Heilkräfte zugeordnet, und sie waren, wie schon angedeutet, auf die vielfältigen Wikingergötter aufgeteilt.

Norwegen, die nordatlantischen Inselgruppen, Neufundland, die Britischen Inseln, Grönland und Island hatten nur einen dünnen Bestand an natürlichen Gemüsepflanzen. Getrocknete Hülsenfrüchte wurden aus milderen Regionen importiert.

Beeren, Obst, Pilze

Obstbäume (Birne, Kirsche, Pflaume, Apfel) wurden von den normannischen Bauern überall da angepflanzt und kultiviert, wo es das Klima zuließ. Nach einem Klimawechsel im 10. Jahrhundert konnte man auch weiter nördlich Haselnusssträucher und Apfelbäume finden (in Oseberg zum Beispiel Holzäpfel), und nach Meinung einiger Archäologen wurde der Apfelanbau an der Niederelbe und in der Normandie von den Wikingern ins Leben gerufen.

Die Sitte, gebratenen Schweinen einen Apfel ins Maul zu stecken, rührt daher, dass er dem Tier in seinem nächsten Leben als Herz dienen sollte. Die Göttin Idun war die Hüterin der goldenen Äpfel, die Unsterblichkeit verliehen. In einem anderen Lied der *Edda* wirbt Freyr mit goldenen Äpfeln um Gerd und auch sonst ist der Apfel oft als Symbol der Fruchtbarkeit (nicht nur zu Evas Verderbnis im Christentum) in zahlreichen heidnischen Sagas und Mythen vertreten. Speisefrüchte, bevorzugt Waldfrüchte und Beerenobst, wurden in Honig eingelegt haltbar gemacht oder getrocknet. Blaubeeren, Brombeeren, Schlehen und Schwarzbeeren wurden den Sommer über in ganz Skandinavien gegessen.

Weiter verzehrte man Hagedornbeeren (der auch als Weißdorn bezeichnete, weiß blühende Baum mit den roten Früchten war einer der heiligsten Bäume der Kelten und taucht auch in der Artussage wieder auf), Schellbeeren (Torfbeeren), Hagebutten (der Freya geweiht, wie fast alle Rosenarten), Himbeeren, Holunderbeeren, Beeren der Eberesche und Erdbeeren (in der Mythologie mit Frigg assoziiert, ihnen wurde eine heilende Wirkung zugesprochen).

Speisepilze wurden in den Wäldern gesammelt und wie viele andere Lebensmittel gedörrt als Schiffsverpflegung genutzt. Sagen weisen außerdem auf den Gebrauch halluzinogener Pilze bei den Wikingerstämmen hin, zum Beispiel des Fliegenpilzes *(Amanita muscaria)* und verschiedener Arten der Gattung der Kahl- oder Klebköpfe *(Psilocybe)* aus der Familie der Träuschlinge. Fliegenpilze sollten angeblich Berserker der Krieger (zum Beispiel einen in ein Bärenfell gehüllten *Úlfhéðinn*) in einen Rauschzustand versetzen, bevor ihr *bärsärkar-gång* (Berserker-Lauf) begann. Diese These konnte medizinisch aber mittlerweile widerlegt werden.

Fisch und Meerestiere

Funde und Grabbeigaben von Angeln, Netzen und Fischgräten (teilweise auch in Form von Schmuck und Haarkämmen) lassen darauf schließen, dass im Wikingerzeitalter in Nordeuropa sehr rege gefischt wurde und Meerestiere vieler Arten beliebte Nahrungsmittel waren. Fisch war eine alltägliche, in Heldenepen fast nicht erwähnte Speise. Man kochte, röstete und grillte die Fische an Eisenspießen oder briet sie über dem Feuer. In der Region um den Sognefjord in Südnorwegen wurden nach Überlieferungen Fleischbrocken und Fische in Lehm eingewickelt und über erhitzten Steinen gegart. Was man nicht sofort verspeiste, wurde in Salzwasser eingelegt, getrocknet (Lutefisk oder Dörrfisch) oder geräuchert. Eingesalzen wurde aufgrund der aufwendigen Gewinnungsmethode dieses Gewürzes nur wenig und so sind die bekanntesten und heute wie damals beliebten Konserven Klippfisch und Stockfisch.

Folgende Funde in York, der Handelsstadt Haithabu und der im 19. Jahrhundert auf den Shetlandinseln entdeckten Stätte Jarlshof sind repräsentativ für den Rest der von Wikingern bevölkerten Küstenländer: Makrele, Hecht, Lengfisch, Hering, Lachs, Aal, Flussbarsch, Brachse, Plattfisch, Dorsch/Kabeljau (auf den Lofoten Skrei, der reisende Fisch genannt), Uferschnecke, Herzmuschel und Auster. Die Wikinger scheinen zudem von den Speisen der antiken Römer beeinflusst gewesen zu sein: Liquamen, eine Art Fischsauce, die schon in der römischen Küche verbreitet war, wurde auch von den Wikingern verwendet.

Fleisch

Dass die Wikinger große Fleischesser waren, ist bekannt. Dass es nicht alltäglich war, Fleisch zu essen und dies meist anlässlich von Festlichkeiten geschah, ist weniger bekannt. Arbeitskräftige Tiere, die zugleich Woll- oder Eierlieferanten waren, zu schlachten, war unwirtschaftlich, auch wenn in den Sagatexten oftmals von Fleischspeisen und verzehrten Tieren die Rede ist (*Rigr-Lied*, Strophe 4: „Schlemm in der Schüssel ward aufgesetzt, und das beste Gericht war ein Kalb in der Brühe.").

Schlachtete man doch, dann waren es vor allem Schweine, Ziegen und Rinder, aber auch Schafe, Lämmer und Hammel. Vom Tier wurde im Unterschied zu heute, wo eingeschweißte Puten- und Hähnchenbrust auf den Tisch kommt, in der Regel alles verwertet. Slátur, Lundabaggar, Svið, Súrsaðir hrútspungar und Pinnekjøtt (im Magen des Schafs gekochte Innereien, sauer eingelegte Innereien, schwarz gesengter, gekochter Schafskopf, in Molke eingelegter Hammelhoden und gepökelte Lammrippen) zeugen davon und sind in Island und Norwegen Speisen für Kenner und Liebhaber, die sich wohl heute nicht so einfach als Fast Food an Touristen verkaufen lassen würden.

Das einzige Haustier der Wikinger, das mit dem Ziel, es zu schlachten, gehalten wurde, war das Schwein (*Rigr-Lied*, Strophe 12: „Sie legten Hecken an, misteten Äcker, mästeten Schweine, hüteten Geißen und gruben Torf."). Es hat wie viele

Auch Pferdefleisch wurde verzehrt, vor allem von den Isländern. Dies wurde von Papst Gregor III. im Zuge der Christianisierung im Jahr 732 als heidnische Kultpraxis verboten. Die Isländer erstritten sich als einziges unter den heidnischen Wikingervölkern das Recht, es auch weiterhin offiziell konsumieren zu dürfen. Damit konnten sie zumindest teilweise ihre Riten weiter ausüben und ihre robusten Ponys, ein lebensnotwendiges Nahrungs- und Transportmittel auf den rauen Inseln, behalten. Vor der Ankunft der Wikinger war das einzige Säugetier auf Island nachweislich der Polarfuchs. Die Pferde waren bei den Wikingern heilige Tiere und Opfertiere sowie Symbole für Schutz und Fruchtbarkeit wie Odins achtbeinig dargestellter Hengst Sleipnir (der Dahingleitende). In vielen Gräbern wurden sie gemeinsam mit ihrem Herrn beigesetzt. Gerne wurden Fohlen von Schimmeln als besonders reine Opfertiere gewählt. Die Totengöttin Hel besaß ein dreibeiniges Pferd (Helhesten), auf dem sie die Toten in die gleichnamige Unterwelt brachte. Opferhengste zu Ehren Odins und Freyrs (zum Beispiel beim schwedischen Opferfest von Uppsala, welches alle neun Jahre stattfand) und Hengstkämpfe kamen häufig vor, getötete Tiere wurden verspeist.

Ein auf einen Stock gespießter Pferdekopf, ein Schandpfahl *(niðstöng)*, der mit einem Runenfluch belegt war, sollte, in Richtung der Betreffenden gedreht, Unheil über sie bringen. Ein solcher Fluch findet sich zum Beispiel in der *Egilssaga*. Man unterschied bei den Wikingern opferfähige Tiere und nicht opferfähige, also nicht opfernswerte Tiere. Die Wörter haben sich bei uns als Geziefer und Ungeziefer im Sprachschatz etabliert.

Knochenfunde lassen vermuten, dass die Rinderzucht die wichtigste Form der Tiernutzung darstellte, aber auch Geflügel wie Hühner, Enten und Gänse wurde gehalten. Diese wurden über das gesamte Jahr für Fleisch und Eierproduktion verwendet, da sie anspruchslos waren, meist frei auf den Höfen umherliefen und sich vermehrten. Auch Hähne und Hühner dienten als kultische Opfertiere und in der Mythologie ist das Krähen des roten Hahnes Fjalar eines der Vorzeichen Ragnaröks. In Walhalla weckt dann der Hahn Gullinkambi (Goldkamm) die Asen und ruft sie zur letzten Schlacht gegen die Riesen auf. In der Unterwelt singt laut der *Völuspá*, der Weissagung der Seherin, ein schwarz-roter Hahn (Strophe 34/35).

Die großen Schlachttiere der Wikinger wurden normalerweise im Herbst am Ende einer Saison geschlachtet. Sie hatten dann die beste Kondition und das beste Gewicht. Der „Blutmond" wie der November im frühen und späten Mittelalter noch genannt wurde, war oft der Schlachtmonat. Man musste die Tiere dann nicht noch über einen eventuell harten Winter bringen, wo die Ressourcen schon für die Menschen rar genug waren. Da aber fast alle Stoffe aus Schafwolle hergestellt wurden, Flachs hätte zu viel des knapp bemessenen Ackerlandes eingenommen, ist es wahrscheinlich, dass meist nur alte, schwache und kranke Tiere zum Verzehr auf den Tisch kamen. Für die Schlachtung wurde ein besonderes Haus, das *soðhús*, verwendet. Verantwortlich für Zerteilung und Konservierung des Fleisches waren die Frauen.

Hauptmänner versorgten ihre Krieger – wenn nötig auch durch Raub – immer ausreichend mit frischem Fleisch, da dies als Belohnung galt, motivationsstärkend wirkte und die Leistung und den Mut im Kampf vermehren sollte.

Die Jagd hatte eine relativ große Bedeutung, sowohl als gesellschaftliches Ereignis als auch zur Nahrungsergänzung. In allen Kulturschichten der Wikingerzeit finden sich Knochen von Wildtieren. Vögel (auch Seevögel wie zum Beispiel Trottellummen oder Teisten und ihre Eier), Rot-, Elch- und Schwarzwild, Wildkaninchen, Hasen und der Bär waren als Speise begehrt, wenn auch eher selten, ebenso der Wal.

heilige Tiere einen festen Platz in der germanischen Mythologie. Das Reittier der Freya war ein goldener Eber (Hildesvini), ihrem Zwillingsbruder gehörte ebenfalls ein goldener Eber (Gullinborsti, auch der volkstümliche Name des Krautes Eberwurz) und die im Kampf gefallenen Helden sowie Odins Wölfe Geri und Freki erhielten in Walhalla jeden Abend aufs Neue das gekochte Fleisch des danach stets wiedererweckten Ebers Sæhrímnir.

Übrigens: Junge Wildschweine werden heute als Frischlinge bezeichnet, weil ein alemannisches Wort für Opfer *friscing* war.

WAS MACHEN WIR MIT DEN ZUTATEN?

Die Wikingerfrauen kochten in großen geschmiedeten Kesseln Eintopfgerichte und Suppen. Die Küchenutensilien ähnelten denen des Spätmittelalters und auch modernen Töpfen, Tiegeln und Pfannen. Das Feuer selbst wurde als *máleldr* bezeichnet, was so viel wie Essensfeuer bedeutet. Es hatte eine kleinere Flamme als das gewöhnliche Feuer, das zum Beheizen der Behausung verwendet wurde.

Fleisch wurde in der Regel in Speckstein und Tontöpfen gekocht, an Spießen über dem offenen Feuer gegrillt oder auf heiß gemachten Steinen geschmort. Manchmal wurden auch erhitzte Steine in die Töpfe gegeben, zum Beispiel um Milch zu erwärmen. Getreide wie Gerste und Roggen (Weizen war den Jarls und Adeligen vorbehalten, da er sehr kostbar war) wurde in steinernen Handmühlen zu Mehl gemahlen. Daraus wurden Brot, Fladen und Zwieback gebacken, die oft noch ofenwarm verzehrt wurden.

Käse wurde aus Schafs-, Kuh- und Ziegenmilch gemacht. Alkoholische, kalorien- und kohlenhydrathaltige Getränke für den Winter (und den Rest des Jahres) wie Met werden sogar in der Edda gerühmt. Der Asenvater Odin ernährte sich den Sagen zufolge ausschließlich von Honigwein aus vergorenem Honig und Gewürzen *(mjöd)*. Das Getränk wurde meist aus Südskandinavien importiert, da die Bienenhaltung so weit im Norden nicht möglich war. Es ist umstritten, ob Wikinger Bienen domestizierten oder wild lebende nutzten.

Auch das aus gemälzter Gerste und Hopfen gebraute Bier *(bjórr)* war neben dem Met ein Grund dafür, dass wohl manche Feste der als trinkfreudig bekannten und von den Christen für diese Maßlosigkeit verachteten Wikingern eskalierten.

Den Braukessel haben die Asen (Götter) der Wikinger einer *Edda*-Sage nach übrigens von Hymir dem Riesen erhalten. Bier, Met und Øl meinten allerdings nach Alwis, dem Zwerg in der Edda, dasselbe Getränk, als Thor ihn im *Alwis-Lied* danach fragt. Importweine und Fleisch wurden in großen Mengen verzehrt. Im Alltag tranken die Wikinger jedoch zumeist Wasser und frische Milch, Buttermilch oder Molke beziehungsweise ein alkoholarmes Bier zum Essen. Anhand von Latrinenfunden ist belegt, dass in der Wikingerzeit ein Großteil der Bevölkerung an Parasiten (Würmern) litt. Wasser war vor allem in den dichteren Siedlungsgebieten stark verschmutzt, weswegen der Alkoholkonsum der Wikinger nicht weiter verwunderlich ist, auch wenn das Bier von damals sehr viel weniger alkoholhaltig war. Obstweine wurden zum Ende der Wikingerzeit aufgrund der hohen Beschaffungskosten meist lediglich für sakrale Zwecke genutzt oder von sehr Reichen getrunken, die sich auch Weine aus gekelterten Trauben leisten konnten. Dieser wurde aus der Rheinebene eingeführt.

Die wertvolle nährstoffreiche Gemüse- und Kräuterkost der Wikinger wurde durch Zerdrücken und stundenlanges Kochen eher verschwendet, anstatt ihr Potenzial an Vitaminen auszuschöpfen. Etymologisch ist unser heutiges Wort „Gemüse" eine Kollektivbildung zu „Mus" und geht vermutlich auf „Brei, zerkleinerte Nahrung" zurück.

Im späteren Mittelalter (Hochmittelalter) wurde das Zerkochen von Lebensmitteln und Überwürzen zu festlichen Anlässen mit allem, was die exotische Gewürzküche hergab, allerdings noch wesentlich intensiver betrieben, sodass vom ursprünglichen Geschmack (und Inhalt) oft nicht mehr viel übrig blieb.

Die Nahrungsmittel wurden mit Salz (meist in Form von Meerwasser, da es zeitaufwendig war, das Meerwasser verdampfen zu lassen, was reines Salz zu einem wertvollen Lebensmittel machte) und Gewürzen aber auch konserviert, das Fleisch zudem geräuchert und in Fässern eingepökelt oder einfach zum Trocknen in eine Lehmkammer gehängt. Im nördlichen Skandinavien konnten Fleischwaren aufgrund der niedrigen Temperaturen wie in unserer modernen Zeit eingefroren werden. Fermentation, was uns aus heutiger Sicht vielleicht fremd anmuten mag, war und ist heute noch in Skandinavien bei manchen Gerichten, wie dem traditionellen Hákarl (fermentierter Hai), der ohne Fermentation giftig wäre, verbreitet.

WIE KOCHT MAN „WIKINGISCH"?

Hier nun das, was der „Wiki" oder der „HoMi" auf Lager brauchen – oder Hochdeutsch: Hier findet der geneigte Darsteller eines Wikingers oder hochmittelalterlichen Menschen das Rüstzeug für ein befriedigendes Mahl auf einem Markt oder Lager, das man dann nicht wegen fehlender Authentizität verstecken muss. Dabei denke ich in erster Linie an den frühmittelalterlichen Darsteller, aber was den Wikingern und alten Germanen schmeckte, kann ja für den Darsteller einer späteren Zeit nicht völlig abwegig sein.

Wie statte ich meine Lagerküche aus?

Hardware

Klar ist: Nicht alles, was man benötigt, besitzt man auch gleich zu Beginn einer mittelalterlichen Darstellung. Da ist so einiges, was man nach und nach anschafft, verwirft, sich wünscht … Also fangen wir mal klein an:

Handschuhe

Wenn jetzt jemand gelacht hat, dann hat er sich noch nie an einem heißen Topf verbrannt, wer geschmunzelt hat, hat schon mal die Erfahrung gemacht. Aber Spaß beiseite, ich habe auch mit Arbeitshandschuhen der Winterausführung aus dem Baumarkt angefangen und mir vor einiger Zeit Topflappen-Handschuhe von einer Filzerin anfertigen lassen – kann ich nur empfehlen. Und ich denke, unsere Vorfahren waren ja auch nicht dumm und haben sich da sicher was einfallen lassen, um sich nicht permanent schwere Verbrennungen zuzuziehen.

Blasrohr

Ein kleines, aber nützliches Utensil ist ein Stück Rohr, mit dem man das Feuer anblasen kann. Eine Seite sollte man dabei ein wenig plätten, um den Luftstrahl genauer nahe der Glut positionieren zu können. Ein Stück Kupferrohr aus dem Baumarkt ist geeignet und ausreichend.

Wasserkessel

Zum Erhitzen von Wasser kann man natürlich auch einen einfachen Topf nehmen. Aber die Heißgetränke lassen sich so einfacher aufgießen.

Feuergabel oder Feuerhaken

Dieses Werkzeug sollte man nicht unterschätzen: Man muss nicht ins Feuer fassen, wenn ein Scheit verkehrt liegt, kann den Topf bewegen und brennende Scheite zur zweiten Feuerstelle bewegen.

Feuerschale

Da auf den meisten Märkten oder Lagern Rasen der Untergrund ist, wird der Einsatz einer Feuerschale meist schon vom Veranstalter vorgeschrieben. Ich habe mit einer Eggenscheibe angefangen (schweres Eisen, das nicht gleich durchglüht). Man kann auch eine andere Eisenplatte oder Schale verwenden, diese vielleicht noch auf drei Steine legen, dann ist dem Brandschutz Genüge getan.

Alternativ ist die Erstellung einer Feuergrube (wenn es erlaubt ist) möglich: Dazu hebt man die Rasennarbe mit einem Spaten in gleichmäßigen Stücken aus und legt sie beiseite. Nicht an den

Rand der Feuergrube, denn dann würde man die Rasenstücke durch die Hitze zerstören. Besser, man sucht ein paar Steine und befestigt den Rand der Grube damit. So lassen sich auch Feuerstellen für größere Aktionen mit mehreren Töpfen bauen. Am Ende legt man die ausgehobenen Stücke wieder auf die Grube, und von der feurigen Angelegenheit ist so gut wie nichts mehr zu sehen.

Dreibein

Zum Aufhängen von Topf oder Grillrost braucht man ein sogenanntes Dreibein. Beim Schmied bekommt man einfache Modelle schon recht günstig. Die Baumarktausführung sollte man meiden, sie sieht nicht schön aus und ist auch nicht sehr haltbar. Wer ein wenig mehr Geld investieren kann, sollte sich eine Replik anfertigen lassen.

Topf

Der erste Topf sollte für viele Dinge geeignet sein – zum Suppekochen, um Fleischtöpfe zu garen und zum Braten, weshalb der Boden möglichst gerade sein sollte. Die Emailletöpfe aus dem Baumarkt reichen am Anfang aus, auch wenn sie nicht authentisch sind. Bei größerem Budget oder hohem Anspruch sollte man sich einen guten Schmied oder Plattner suchen, der einen Topf in der passenden Größe anfertigt. Da liegt dann aber auch gleich der nächste Fallstrick – wie groß muss der Topf sein? Ich kann aus meiner Erfahrung raten: lieber ein bisschen größer als zu klein. Für sechs bis zehn Personen sollte man schon einen 8- bis 10-Liter-Topf anschaffen. Grobe Richtlinie: pro Person ein Liter.

Man muss immer bedenken, dass die Rohzutaten einen viel größeren Raum einnehmen als das fertige Gericht. Und Platz zum Rühren braucht man ja auch noch. Im Unterschied zum modernen Haushalt landen in der Regel alle Zutaten in einem Topf und nicht wie am heimischen Herd in vielen Töpfen.

Pfanne

Eine Pfanne sollte die nächste Anschaffung sein. Da ist eine Eisenpfanne vom Schmied die beste Wahl. Keine Angst vor dem Reinigen – wenn nicht gerade alles angebrannt ist, sollte man die Pfanne nur auswischen und fettig wegstellen. Wenn man sie wieder braucht, mit Öl ausreiben, und schon kann es losgehen. Dann brennt auch nichts so schnell an. Genau so sollte man auch Gusspfannen zu Hause behandeln.

Grillrost

Mal vorweg – ich führe keinen Grillrost mehr bei mir. Wie man sich an einem guten Gericht überessen kann, so mag ich persönlich das ständige Grillen auf den Märkten nicht. Schaut man bewusst in die Lager – meist hängen Grillroste über den Feuern. Der in vielen Lagern hängende Grill nach einem Fund Mästermyr, Gotland um 1000, ist, wie Archäologen herausgefunden haben, wohl als Lichtquelle in einer Schmiede verwendet worden. Aber er sieht gut aus und tut seinen Dienst. Authentischer ist das Osebergeisen in Schneckenform.

Küchenausrüstung

Beil und Axt – irgendwie muss das Holz ja zerkleinert werden

Kanister – Wasser muss meist von außerhalb geholt werden. Tipp: Während der Marktzeiten den Kanister zum Wasserholen in einen Jutesack stecken oder einnähen.

Große Schüsseln – Holz oder Keramik für Vorbereitung und Anrichten

Wasserkrug oder Eimer – während der Marktzeiten darf kein Plastikkanister zu sehen sein

Rührlöffel, Schöpfkelle, Pfannenwender

Becher/Tonkrüge – für Getränke/Tischgetränke

Holzschüsseln – zum Essen

Holzteller – zum Anrichten

Holzbrett, Löffel und Essmesser

Küchenmesser – groß für Brot und Fleisch, klein zum Putzen und Schälen

Geschirrspülmittel, Bürste oder Lappen

Leinentücher – zum Abdecken von Speisen oder zum Einwickeln von Käse und Brot

Birkenholzdosen – für Trockenvorräte wie Mehl und Graupen

Mörser – zum Zerkleinern von Gewürzen und Kräutern

Organisation der Küche

Das Jahr eines Reenactors beginnt meist im frühen Frühjahr, noch vor Ostara (Ostern), mit den notwendigen Reparaturen der Ausrüstung. Wobei wir gleich beim kürzesten Mittelalterwitz sind: „Machen wir im Winter!" Das klappt aus den unterschiedlichsten Gründen meist nicht, also wird es eine Hauruckaktion kurz vor dem ersten Markt. Aber sei's drum.

Ich für meinen Teil habe zwei Haushalte: meinen eigenen in der Wohnung und einen fürs „Gerödel", also die Wiki-Küche. Im Winter vermischt sich dann alles ein wenig, und zwei Wochen vor Ostern kommt dann die Aufbruchstimmung – nun muss aber mal wieder die Küche vom Kochgerödel getrennt werden.

Ein wichtiger Punkt ist die Winterlagerung der Ausrüstung. Da ein Großteil der Küchenausrüstung aus Holz ist, kann es, wenn die Ausrüstung im Schuppen gelagert wurde, leicht passieren, dass im Frühling die Sachen einen grünen Pelzmantel anhaben – sprich schimmlig sind. Ich habe mir angewöhnt, die Holzsachen in luftigen Körben trocken, wenn auch etwas staubig in meinem Schlafzimmer zu lagern und im Frühjahr einer Wellnesskur in Form von viel Olivenöl zu unterziehen.

Die Keramik jage ich durch die Spülmaschine. Ich verwende Salzbrand-Keramik, da ist das kein Problem. Bei offenporig gebrannter Ware muss man schon vorsichtiger sein. Die ist zwar authentisch, aber leider nicht so haltbar..

Die Töpfe werden noch mal geschrubbt, geölt und verpackt. Für die Gegenstände aus Eisen habe ich einen großen Kartoffelkorb, in den ich alles einstapeln kann. Auch wichtig: platzsparend packen, das Auto ist eh immer zu klein. Und der Korb dient nach dem Auspacken auf dem Markt gleich als Versteck für den Müllsack. Es gibt einen Korb für die Keramiksachen, in dem alles gut in frische Handtücher gepackt wird, und einen für alle Holzsachen (Brettchen, Schüsseln, Schalen und so weiter).

Wenn die Hardware gepackt ist, geht es an die Lebensmittelvorräte. Dazu wird die Liste von Seite 141 abgearbeitet.

Für die Lagerung sollte man sich nach und nach Gefäße anschaffen, die sich leicht einpacken lassen, aber auch gleich auf den Tisch kommen können. Am Anfang hatte ich dicht gewebte Leinensäckchen für die Trockenvorräte. Für eine feste Küche in einem Langhaus ist dies bestimmt gut geeignet. Aber auf Lager, bei wechselnden Witterungsverhältnissen und auch bei Getier, sind feste Behälter schon besser geeignet.

Da ist die erste Wahl die Birkendose. Diese ist leicht und authentisch. Bei mir sind es meist Keramikbehältnisse mit Deckel. So lagere ich Mehl, Zucker, Salz, Schmalz, Dinkel und alle Gewürze. Für den Nachschub habe ich mir leichte Plastikbehältnisse mit Schraubdeckel zugelegt, die ich natürlich außer Sicht aufbewahre. So kann man unauffällig die Vorräte auffüllen, und alles bleibt auch bei schlechtem Wetter trocken und vor allem tierfrei.

Lagerküche heute – was steht mir zur Verfügung?

Nun soll es also losgehen. Einige Dinge muss man sich schon vor Marktbeginn überlegen:

1. Für wie viele Leute wird gekocht?
2. Welche Mahlzeiten müssen geplant und/oder vorbereitet werden?
3. Was soll gekocht werden?
4. Was brauchen wir für das Frühstück?

Danach richten sich die Einkäufe. Ich trenne diese nach „vorher" und „vor Ort".

Natürlich kann man auch wie ein Friseur anreisen und dann schauen, was es für Läden in der Ortschaft gibt und wo man was bekommt. Das ist aber nicht meine Art. Wenn ich für mehr als zehn Leute zu kochen habe, informiere ich mich vorher, welche Einkaufsmöglichkeiten es in dem oder um den betreffenden Lagerplatz gibt. Inzwischen bin ich mit einigen Fleischern per Du und werde auf dem Markt beliefert. Aber so etwas entwickelt sich nur über viele Jahre, und ich freue mich immer sehr, wenn ich nach einem Jahr wieder herzlich begrüßt werde.

In meiner Liste gibt es noch die Rubrik „immer dabei" – da sind Sachen aufgelistet, die immer in der Kochkiste drin sind. Wenn möglich, erledigt man den „Vorher"-Einkauf vor dem Einpacken, damit man ihn dann auch ins Auto bekommt. Der Einkauf vor Ort richtet sich dann vor allem nach den Rezepten, und die Frischwaren kauft man möglichst regional ein.

Schwer erhältlich sind vor allem in kleinen Orten Waren wie Dinkel, Roggenmehl oder Grünkern. So etwas sollte man sich auf Vorrat besorgen oder im Bioladen kaufen. Im Internet gibt es Versender, die sich auf solche Produkte spezialisiert haben.

Die Menge der Einkäufe richtet sich nach der Personenzahl, für die gekocht werden soll. Meistens weiß man die genaue Anzahl erst, wenn die Lagerleute angereist sind. So gut habe ich meine Leute auch noch nicht erzogen, dass ich mich da auf Voranmeldungen verlassen kann. Deshalb rechne ich immer Voranmeldung + 25 Prozent, damit liegt man meist ganz gut. Nicht immer ist die Beteiligung auf jedem Lager gleich groß, die Zahl der Esser variiert von zehn bis 60 – dementsprechend muss man dann die Töpfe und Pfannen wählen, die man mitnimmt (wenn man denn eine Wahl hat). Bei der Vorbereitung des Speiseplanes für ein Wochenende überlege ich immer, welches Gericht in welchen Topf kommt, beziehungsweise ob man mit den vorhandenen Töpfen und Pfannen die Überlegungen auch umsetzen kann. Wenn ich nur einen Topf zur Verfügung habe, kann ich eben nicht Fleischtopf und Sauerkraut getrennt machen, dann wird es wohl eher ein Szegediner Gulasch (da ist das Sauerkraut gleich mit im Gulasch) geben. Oder ich habe nur eine Feuerstelle, dann wird es auch nichts mit gebratenem Fleisch und Pfannenbrot – außer ich bereite es nacheinander zu. Dies nur mal als kleiner Denkanstoß, an was man alles denken sollte, wenn man den Menüplan aufstellt.

Gehen wir nun mal davon aus, die Einkäufe sind erledigt. Wohin damit bei 25 °C im Schatten? Als mittelalterlicher Darsteller muss man sich da schon was einfallen lassen, außer man hat einen Stromanschluss und damit vielleicht einen Kühlschrank oder eine Kühltasche im Zelt.

Grundsätzlich gilt: Alles nah an die Erde, das ist immer noch der kälteste Platz. Wer kräftiges Personal, sprich einen Knecht oder Sklaven hat, lässt sich eine Grube graben – und versenkt dann eine wasserdichte Box oder Ähnliches. Regelmäßige Bewässerung sorgt für Verdunstungskälte. Oben werden nasse Tücher aufgelegt. So können auch Bier und Wasser auf erträglicher Temperatur gehalten werden.

Verderbliche Lebensmittel, insbesondere Fleisch, sollte man täglich verbrauchen. Und für Sonntag sollte man entweder am Samstag vorkochen oder haltbare Fleischsorten wie Kassler verwenden.

Ich habe bei größeren Veranstaltungen ein Vorratszelt, in dem alles gelagert wird, was nicht unbedingt authentisch ist oder eben auf seine Verarbeitung wartet. Bewährt hat sich, dass bei mir alle Behältnisse einen festen Namen haben. Ja, lache der Leser jetzt nur! Es ist fast wie bei Ikea. Meine Sippenmitglieder helfen mir oft, oder wechselnde Knechte müssen diese Namen lernen, denn ich kann nicht immer eine detaillierte Beschreibung der Lagerboxen geben, wenn mir jemand etwas bringen soll. Und ich verwende für jedes Lebensmittel immer die gleichen Gefäße. Es gibt eine Birkendose für Zucker, eine für Kaffee, ein Vorratsgefäß für Mehl und so weiter. So kann man sich darauf verlassen, dass nicht Zucker anstatt Salz in der Suppe landet. Oder eben ständig nachgefragt wird, wo sich der Zucker befindet.

Im Vorratszelt gibt es mindestens einen Tisch, um zum Beispiel bei Regen auch einmal im Zelt die nötigen Essensvorbereitungen verrichten zu können. Denn schließlich wollen die hungrigen Mägen auch bei schlechtem Wetter gefüllt werden.

Bewährt hat sich ein Spültisch, der zum Abstellen des benutzen Geschirrs und zum Abwaschen verwendet wird. Für wenige Esser reicht eine Abwaschschüssel, für viel Geschirr eignet sich eine Holzmolle besser. Man kann auch eine schöne große Holzschüssel in einem Dreibein verwenden. Wichtig ist, dass man alles stehen lassen kann. Der Besucher kann ruhig sehen, dass auch bei den Wikingern nur mit Wasser gekocht und eben auch abgewaschen wird.

Besonders schön ist es für jeden Reenactor, wenn man länger als nur ein Wochenende lagern kann. Dann lohnt sich auch ein etwas größerer Aufwand für die Gestaltung einer schönen und gut funktionierenden Küche. Denn nicht nur in der heimischen Küche ist Arbeitsorganisation wichtig. Ich habe mir angewöhnt, meine Küche zu fotografieren. So ist es im nächsten Jahr einfacher, den bewährten Aufbau nachzustellen – oder eben Fehler zu vermeiden.

Wie schon oben erwähnt, kann man eine Feuerschale verwenden oder eine Feuergrube für die Kochstelle ausheben. Die Feuerstelle sollte so angelegt werden, dass man kurze Wege vom Arbeitstisch und Vorratsbereich zum Kochbereich hat, aber auch der Brandschutz nicht zu kurz kommt. Und leider muss man auch die Neugier der Besucher einplanen.

Ich bin gegen jede Art von Absperrung um die Lager. Die Besucher sollen gern näher kommen und mal die Nase über den Topf halten. Das macht ja erst den Reiz eines Marktes aus, dass man mit allen Sinnen das „Mittelalter" erleben kann. Aber es gibt natürlich auch immer wieder mal Übergriffe – bei denen es selbst dem geduldigsten Reenactor zu viel wird. Zu diesem Thema ließe sich leicht ein eigenes Buch mit Lagergeschichten füllen (vielleicht schreibe ich das auch noch).

Auf verschiedenen Märkten sind mir außerdem folgende Varianten von Feuerstellen begegnet:

- zwei Holzdreibeine mit einer Mittelstange aus Eisen oder Holz, an der die Töpfe an Ketten hängen
- ein Wikingerzelt-Grundgestell mit derselben Funktionalität (siehe Seite 22)
- eine Art Herd in Arbeitshöhe auf einer Sandschicht

Es kann auch in sogenannten Gargruben gekocht werden. Dazu wird ein Erdloch von 50 Zentimeter Tiefe und Breite ausgehoben (Grassoden aufheben), der Boden mit faustgroßen Steinen ausgelegt und darauf ein Feuer gemacht, bis die Steine richtig heiß sind (etwa eine Stunde). Nachdem man das Feuer/die Glut

entfernt hat, das Gargut in große Krautblätter wickeln, auf die heißen Steine legen und mit den Grassoden die Grube wieder verschließen. Nach ein bis zwei Stunden sollte der Braten dann gar sein. Das hängt von der Größe und Art des Gargutes ab.

Da sind wir auch gleich bei einem entscheidenden Punkt – man kocht ebenerdig. Kochstellen wie in einer hochmittelalterlichen Schlossküche hatte man im Frühmittelalter noch nicht. Man muss also versuchen, diese Unbequemlichkeit so gut es geht einzuplanen. Ein Hocker oder kleiner Tisch an der Feuerstelle zum Ablegen der Gerätschaften hilft ungemein.

Für eine gute Organisation in der Küche benötigt man einen geeigneten Arbeitsplatz, an dem man nicht nach einigen Minuten bereits Rückenschmerzen bekommt. Ich habe vor einigen Jahren mein Buffet anfertigen lassen, das sich nun schon in jeder Lebenslage bewährt hat (siehe Bild Seite 29). Es ist Stehtisch, Regal, Arbeitstisch und Verkaufsstand in einem. Ebenso sollte

ein Tisch vorhanden sein, an dem geschnippelt und vorbereitet werden kann. Und dies sollte möglichst nicht der Esstisch sein, wenn man nicht ständig Geschirr und Zutaten um- und wegräumen will.

Dann wären da noch die „Helferlein" – also das Küchenpersonal. In einer hochmittelalterlichen Hierarchie sollte es an Personal eigentlich (!) nicht mangeln, denn historisch gab es Scharen von Bediensteten in den Schlössern des Hochadels. Aber wir sind auf einem Mittelaltermarkt, und da ist doch eher das Gegenteil der Fall – viele hochadelige Darsteller und nur wenig Knechte und Mägde. Aber es muss jede Gruppe für sich entscheiden, wie authentisch sie auch in dieser Richtung sein möchte.

In meiner langjährigen Tätigkeit als Köchin einer Sippe, die die klassische Struktur einer Wikingersippe hat, vom Jarl über Handwerker, Krieger und Knechte und Mägde, stellte ich fest, dass bei Bedarf jedes Mitglied der Sippe auch mehrere Aufgabengebiete bedienen kann. So muss der Krieger, wenn er nicht gerade am Kämpfen ist, auch als Knecht aushelfen und eine Jarlsfrau in der Küche arbeiten. Auf diese Weise entsteht auch ein gutes Gemeinschaftsgefühl.

Für eine Verpflegung von 30 Leuten sollte man vier Helfer haben: zwei Knechte (Holz holen und hacken, Feuer in Gang halten, Wasser holen und schwere Töpfe bewegen) und zwei Mägde (Gemüse und Fleisch schneiden, umrühren, Essen austeilen). Am Anfang habe ich versucht, alles allein zu stemmen, aber mit dem Alter kommt die Weisheit. Und ein bisschen Spaß soll ja auch die Küchenarbeit machen. Wenn man am Sonntagabend eines Marktwochenendes selbst nicht mal eine Marktrunde gemacht hat und völlig übermüdet ins Zelt fällt, hat man jedenfalls etwas falsch gemacht, oder? Also lieber eine Person mehr zum Küchendienst einteilen und dann allen Freizeit geben können.

DAS GROSSE FRESSEN

Machen wir uns nichts vor – Kochen ist schön und macht Spaß, aber nur, wenn alle Leute dann beim Essen satt und zufrieden sind. Wie der Künstler seinen Applaus braucht, so benötigt der Koch zufriedene Gäste mit vollen Bäuchen.

Es gibt immer den einen oder anderen Mäkler oder Allergiker (ja, auch an die muss man denken) und natürlich die lieben Vegetarier und Veganer – also ist es mit einem Essen meist nicht getan. Und ich muss ja zugeben, ich habe die Bande auch ganz schön verwöhnt.

Im Lager versuchen wir, neben dem Frühstück wenigstens eine Mahlzeit als Sippe gemeinsam einzunehmen. Am Anfang meiner Küchentätigkeit in der Wikingerszene wurde ich dafür belächelt, weil es dann doch wie bei einer Rittertafel zugehe. Aber es ist einfach praktisch, wenn alle zur selben Zeit essen und dann alles abgewaschen und weggeräumt werden kann. Auch das Küchenpersonal möchte ja mal Feierabend haben. Ein Freund hat einmal zu mir gesagt: „Du hast dir das anstrengendste Handwerk ausgesucht."

Aber nun zum eigentlichen Essen – unsere Vorfahren haben wahrscheinlich nur eine warme Hauptmahlzeit gekannt. Diese wurde vermutlich eingenommen, wenn am späten Nachmittag oder frühen Abend alle Hausbewohner ihr täglich anfallendes Arbeitspensum hinter sich gebracht hatten. Es ist aber auch möglich, dass jeder, der nach Hause kam, seine Schüssel füllte und sich dann ans Feuer oder nach draußen setzte. Wer kann das schon wissen?

Für die Zufriedenheit der Reenactor kann man auf jeden Fall sorgen, wenn man morgens die hungrigen Mäuler mit Kaffee und frischen Brötchen versorgt und am Abend noch ein kleiner Imbiss auf dem Tisch steht – für die Nachtschwärmer. Nichts ist lästiger als ein in der Nacht geplündertes oder durcheinandergebrachtes Vorratszelt. Aber wir wollen den Teufel nicht an die Wand malen. Im Regelfall ist jeder „Mittelaltermensch" sehr behutsam und nett zu seiner Köchin – denn sich deren Zorn zuzuziehen, wird sich niemand leisten, der noch einen klaren Verstand besitzt.

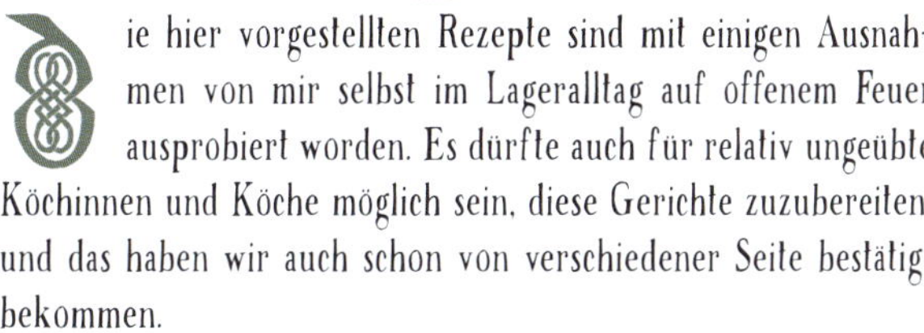

VORBEMERKUNGEN ZU DEN REZEPTEN

Die hier vorgestellten Rezepte sind mit einigen Ausnahmen von mir selbst im Lageralltag auf offenem Feuer ausprobiert worden. Es dürfte auch für relativ ungeübte Köchinnen und Köche möglich sein, diese Gerichte zuzubereiten, und das haben wir auch schon von verschiedener Seite bestätigt bekommen.

Für hochmittelalterliche Tafeln hat man ein viel breiter gefächertes Angebot von Speisen und Ausstattung zur Verfügung als für das Lager, doch dazu gibt es bereits umfangreiche Literatur. Dem hochmittelalterlichen Reenactor sei angeraten, sich bei der Lagerküche auch eher auf die einfachen Gerichte zu beschränken, denn die überlieferten Gerichte von diesen Tafeln sind meist in großen Küchen auf Burgen zubereitet worden und deshalb kaum für das einfache Lagerleben geeignet.

Die Rezepte in diesem Buch sind nicht wie in modernen Kochbüchern für vier Personen ausgelegt. Genau wie im normalen Leben sind auch auf Märkten und Lagern nie gleich viele Personen am Tisch zugegen. Ein Fleischgericht wird dann zubereitet, wenn die Anzahl der Personen das auch zulässt – also wenn die Größe der vorhandenen Töpfe oder Pfannen es hergibt, ansonsten gibt es eine Suppe oder eben ein Gericht, welches in den Topf passt.

Für die A-Päpste unter den Lesern: nein, wir können bei einigen Gerichten nicht verbergen, dass wir im 21. Jahrhundert leben und bei den Zutaten ein bisschen schummeln müssen. Um nur ein Beispiel zu nennen: Einen Weißkohl oder Kohlrabi, wie wir ihn verwenden, gab es so vor 1.000 Jahren noch nicht, wohl aber einen Wildkohl, der keine Köpfe bildet.

Natürlich kann man die hier präsentierten Gerichte auch am heimischen Herd kochen. Dann geht alles ein bisschen schneller und einfacher, da man moderne Küchengeräte und Elektrizität zur Verfügung hat. Also keine Scheu – immer ran an den Herd und ausprobiert. Wenn es zu Hause geklappt und geschmeckt hat, versucht man es dann auch eher am offenen Feuer.

Saeta

Aber nun lasst uns endlich essen und trinken! Wohl bekomms und allen viel Spaß bei der Vorbereitung des nächsten Lagers, denn: „Nach dem Lager ist vor dem Lager!"

SUPPEN
NAHRHAFTE GERICHTE ALS VOR- ODER HAUPTSPEISE

ZUTATEN

2	Suppenhühner
	Salz, Pfefferkörner
1 Bund	Suppengemüse
6–8	große Zwiebeln
6 Stangen	Porree oder Lauchzwiebeln
500 g	Graupen (mittelgroß)
1 kg	Möhren
1	Kohlkopf
2	Kohlrabis
	Öl
4	Äpfel
1 Handvoll	frische Kräuter

GEMÜSESUPPE MIT GRAUPEN

für 10–15 Personen

ZUBEREITUNG

Die beiden Hühner waschen und in reichlich Wasser (etwas mehr als bedeckt) mit Salz, Pfefferkörnern, dem geputzten Suppengemüse, 1 Zwiebel und den Enden der Porreestangen 2 Stunden leicht kochen lassen. In der Zwischenzeit die Graupen wässern und das Gemüse putzen und schneiden. Am besten jede Gemüseart in eine Schüssel legen, weil sie später entsprechend ihrer Garzeit der Suppe hinzugefügt werden.

Nach den 2 Stunden die Hühner aus der Suppe nehmen und etwas auskühlen lassen. Das Suppengemüse und die Porreeteile aus der Suppe fischen und klein schneiden oder weglegen. Die Hühner „nackig machen" (Fleisch von den Knochen lösen), das Fleisch klein schneiden und der Suppe wieder hinzufügen.

Jetzt sind wir nur noch eine Stunde vom Essen entfernt. Aber nicht verzweifeln, das Ergebnis ist lecker und rechtfertigt den Aufwand. Die geschnittenen Zwiebeln in Öl anschmoren, dann die geschnittenen Möhren hinzufügen und etwas anbraten lassen. Das hat meist den Effekt, dass die ersten Neugierigen in den Topf schauen. Nach 10 Minuten den geschnittenen Kohl und Kohlrabi hinzufügen. Wenn das Rühren nicht mehr richtig funktioniert und die Gefahr des Anbrennens besteht, die Hühnersuppe und danach die Graupen hinzufügen. Die klein gewürfelten Äpfel etwas später hinzugeben. Sie verleihen den leicht süßen Geschmack, den man in der modernen Küche sonst mit einer Prise Zucker erreicht. Bei Bedarf nun noch Wasser und Gewürze hinzufügen und kochen lassen, bis die Graupen weich sind.

HINWEIS

Die Gemüsesorten lassen sich problemlos durch andere ersetzen, aber die aufgeführten Sorten dürfte es wohl damals gegeben haben. Bei den frischen Kräutern kann man Petersilie und Thymian, aber zum Beispiel auch frischen Löwenzahn oder junge Brennnesseln verwenden.

Nicht zu empfehlen ist die Suppe stillenden Müttern. Sie regt die Darmtätigkeit an.

WILDKRÄUTERSUPPE

IM FRÜHLING

mit Brennnesseln, Löwenzahn und Sauerampfer

ZUTATEN

1 Zwiebel
etwas Butter
Wildkräuter wie im Titel oder andere ungiftige Kräutlein
Roggenmehl
Honig
Sahne oder Met
Salz, Pfeffer

ZUBEREITUNG

Die Zwiebel in etwas Butter glasig garen, dann die gut gewaschenen, gehackten Kräuter zugeben und zusammenfallen lassen. Auf kleinem Feuer garen lassen, Wasser zufügen und ein bisschen einkochen lassen.

Wer es gern sämig mag, kann ein wenig Roggenmehl hinzufügen. Nach Geschmack mit etwas Honig würzen. Am Ende Sahne dazu und mit den Gewürzen abschmecken.

INFO

Hier kann ich euch leider keine Mengenangaben machen. Es kommt auf die Menge der gesammelten Kräuter an. Man braucht schon ganz imposante Berge, um damit ein paar Leute satt zu bekommen. Ich finde das Sammeln als Ausgleich zum Kochen sehr schön. Vielleicht sind ja auch ein paar Mitstreiter zu gewinnen, die sich in die Wiesen begeben. Und nicht wundern: Wildkräuter machen gut Luft.

LEBERKNÖDELSUPPE

für 4 Personen

ZUTATEN

150–200 g	Leber
5	alte Brötchen (oder Toastbrot)
	etwas Milch
1	Zwiebel
1 Bund	Petersilie
1 l	Fleisch- oder Gemüsebrühe

ZUBEREITUNG

Die Leber durch den Wolf drehen oder anders sehr klein hacken. Die Brötchen in etwas Milch einweichen und ein paar Minuten stehen lassen. In einer Pfanne die klein gehackte Zwiebel anschwitzen und die klein gehackte Petersilie hinzufügen. Dann alles zusammenmischen. Mit zwei Löffeln Klöße formen und 10–15 Minuten lang langsam in der Brühe kochen lassen. Am besten nimmt man einen sehr breiten Topf, da die Klöße nach einer Weile oben schwimmen.

INFO

Die Klöße bleiben nicht rund und werden um einiges größer. Man kann sie auch nur in gesalzenem Wasser kochen und als Einlage für eine klare Suppe verwenden. Sie sind sehr nahrhaft.

ZUTATEN FÜR DIE SUPPE

3	Zwiebeln
	Öl
10–15	große Möhren
3	Lorbeerblätter
	Salz, Pfeffer
250 ml	Sahne
	Brühe

ZUTATEN FÜR DAS SCHARFE KRAUT

1	Weißkohl
	Öl
2 Tassen	Sherry
1 Tasse	Essig
	Zucker, Salz

MÖHRCHENSUPPE MIT SCHARFEM KRAUT

für 6–10 Personen

ZUBEREITUNG

Die Zwiebeln abziehen, klein schneiden und in Öl andünsten. Anschließend die geschälten und klein geschnittenen Möhren zugeben und mitschwenken. Dann das Ganze mit Wasser übergießen, bis die Möhren 1,5 cm mit Wasser bedeckt sind. Die Lorbeerblätter und etwas Salz dazugeben, das Wasser zum Kochen bringen und so lange köcheln lassen, bis die Möhren gar sind. Den Topf vom Feuer nehmen, die Lorbeerblätter herausfischen und das Ganze vorsichtig pürieren (auf Lager mit einem Stampfer arbeiten). Sobald die gewünschte Konsistenz erreicht ist, die Sahne unterrühren. Anschließend mit Salz, frisch gemahlenem Pfeffer und Brühe abschmecken.

Während die Suppe köchelt, den Weißkohl putzen und in feine Streifen schneiden. Danach in einem separaten Topf oder in einer Pfanne mit Öl kurz und scharf anbraten. Mit Sherry und dem Essig ablöschen. Der Kohl muss in sich zusammenfallen. Zucker und Salz können schon beim Einkochen dazugegeben werden. Gegebenenfalls noch einmal nachwürzen – der Kohl sollte einen kräftigen Gegenpart zur cremigen und milden Suppe bilden.

Zum Servieren die Suppe in Teller geben, drei gut gehäufte Esslöffel vom angedünsteten Weißkohl in der Mitte der Suppe anrichten.

TIPP

Das Originalrezept ist mit Pastinaken, was ja auch äußerst authentisch, aber leider nicht so kostengünstig ist. Es schmeckt ebenfalls sehr lecker. Ich muss zugeben, dass ich bisher die Möhren zu Hause gekocht und püriert, dann eingefroren und so vorbereitet mit auf Lager genommen habe. Vereinfacht die Kocherei ungemein und begeistert auch Möhrenverächter, da die säuerlich-scharfe Kohleinlage das Ganze sehr pikant macht.

Wer es lieber fleischig mag: Gekochte oder gebratene Hackbällchen in der Suppe schmecken auch hervorragend.

ZWIEBELSUPPE

für 6–10 Personen

ZUTATEN

100 g Speck
1–2 kg Zwiebeln
etwas Mehl
Gewürze (Salz, Pfeffer u. a. nach Geschmack)
1 l Brühe
Weißbrot
Butter

ZUBEREITUNG

Den Speck im Topf auslassen, die Zwiebeln in Ringe oder Halbringe schneiden und anbraten. Wenn die Zwiebeln glasig oder auch schon ein bisschen braun sind, mit Mehl bestäuben und würzen. Wenn die Zwiebeln anfangen anzubraten, Brühe dazugeben und kochen lassen, bis die Zwiebeln richtig gar sind.

Nicht authentisch, aber sehr lecker. Weißbrot oder Brötchen in kleine Würfel schneiden und in Butter knusprig braten und vor dem Servieren in die Suppe streuen.

HINWEIS

Die Suppe schmeckt auch noch, wenn sie länger auf dem Feuer stehen muss. Wer sie vegetarisch haben möchte, lässt den Speck weg und verwendet stattdessen Öl.

LAMMFLEISCH

LAMMFLEISCHSUPPE

für 6–8 Personen

ZUBEREITUNG

Das Lammfleisch in kaltem Wasser aufsetzen und zum Kochen bringen. Den Schaum immer wieder mit einem Schaumlöffel abschöpfen. So wird die Brühe am Ende klar. Wenn kein entsprechender Löffel vorhanden ist, wird sie eben nicht klar – was am Geschmack nichts ändert. Währenddessen die Möhren und den Sellerie schälen und in Würfel von 1 cm Kantenlänge schneiden. Den Weißkohl in Streifen schneiden. Wenn sich kein Schaum mehr bildet, das Gemüse zu dem Fleisch in den Topf geben. Schwach salzen. 1 Stunde im halb geschlossenen Topf bei kleiner bis mittlerer Hitze schwach kochen lassen.

(Mit Erlaubnis von Arte)

ZUTATEN

- 1 kg Lammfleisch mit Knochen
- 7 große Möhren
- 1 kleine Knolle Sellerie
- ½ Kopf Weißkohl
- Salz

HINWEIS

Das Gemüse kann nach Geschmack variiert werden. Zum Würzen reicht das Salz – Gemüse und Fleisch haben Aroma genug, um eine schmackhafte Suppe zu ergeben.

PFLAUMENSUPPE

WARM UND AUCH KALT ZU ESSEN

für 6–10 Personen

ZUTATEN

2–3 kg	Pflaumen
	Wasser
	Zucker
200 g	Hafergrütze oder Gerstengrütze
4 EL	Honig

ZUBEREITUNG

Die Pflaumen entkernen und halbieren. Mit ein wenig Wasser und Zucker zum Kochen bringen. Am Anfang ist nicht viel Wasser nötig, da die Pflaumen ihren Saft beim Erhitzen abgeben. Wenn genügend Flüssigkeit vorhanden ist, die Grütze und noch etwas Wasser zugeben. Wenn die Grütze quillt, immer gut aufpassen, dass nichts anbrennt. Nach und nach Wasser zugeben, bis eine sämige Suppe entsteht. Den Honig zugeben und mit Zucker abschmecken.

Die Kochzeit hängt vom individuellen Geschmack ab. Je länger das Ganze kocht, desto mehr ähnelt es nach dem Erkalten einer Marmelade.

HINWEIS

Am nächsten Tag noch gut als Ergänzung zu Hirsebrei verwendbar.

BROTSUPPE

für 10 Personen

ZUTATEN

3 l	Wasser
100 ml	Gemüsebrühe
1 kg	Brot
300 g	Butter
8	Eier
8 TL	Majoran
5 TL	getrocknete Kräuter
300 ml	Sahne
	jede Menge Wildkräuter oder Gartenkräuter

ALS VARIANTE FÜR FLEISCHESSER ZUSÄTZLICH

400 g	Speck oder Schinkenspeck
5	große Zwiebeln

ZUBEREITUNG

Das Wasser mit der Brühe zum Kochen bringen. In der Zwischenzeit das Brot zerkleinern und in kaltem Wasser einweichen. Wenn es weich genug ist, das Brot mit einer Gabel leicht ausdrücken und in eine große Schüssel geben. Die Butter schmelzen lassen und dazugeben. Die Eier, den Majoran und die getrockneten Kräuter dazugeben und alles gut vermischen.

Wenn das Wasser kocht, die Brotmasse langsam hineingleiten lassen, zum Beispiel mit einer Kelle. Gut bis zum Grund des Topfes rühren. Sollte die Suppe zu dick werden, ein bisschen Wasser zugeben. Zum Schluss die Sahne und die Wildkräuter dazugeben. Die Suppe dann ruhig ohne Feuer noch ein bisschen ziehen lassen. Nach Gefühl abschmecken, der Salzgehalt hängt stark von dem verwendeten Brot und dem Speck (siehe unten) ab.

HINWEIS

Hier eine Variante mit ein bisschen Fleisch: Speck oder Schinkenspeck auslassen und mit den gehackten Zwiebeln schmoren lassen, dann in oder über die Suppe geben. Auch erhitzte Wiener Würstchen oder Knacker sind eine prima Beilage – der Fantasie sind keine Grenzen gesetzt.

HINWEIS

Wie immer bei offenem Feuer ist die Zeitangabe eher ein Richtwert, besser mehr Zeit einplanen. Manchmal sind beim Abschmecken am Ende ein wenig Zucker und Sahne vonnöten, wenn das Kraut zu sauer war.

SAUERKRAUTSUPPE

für 16 Personen

ZUTATEN

1 kg	Rindfleisch (Kochfleisch)
1 kg	Schweinerippen
1 kg	Suppengrün
4 EL	getrocknete Pilze (wenn vorhanden)
8	Lorbeerblätter
8	Nelken
4 TL	Pfefferkörner
4 TL	Salz
4	große Zwiebeln
400 g	durchwachsener Speck
	Schmalz
4 EL	Stärke oder Mehl
2 kg	Sauerkraut (am besten nicht ganz so sauer)
8	geräucherte Mettwürstchen

ZUBEREITUNG

Das Fleisch mit reichlich Wasser, Suppengrün, den Trockenpilzen und den anderen Gewürzen zum Kochen bringen und eine Stunde köcheln lassen (eher länger, wenn auf offenem Feuer gekocht wird).

In einem anderen Topf die klein gehackten Zwiebeln mit dem Speck in Schmalz anbräunen und dann mit Mehl bestäuben (aufpassen, dass es nicht anbrennt).

In der Zwischenzeit das Fleisch und das Suppengrün aus der Brühe nehmen und klein schneiden. Dann das klein geschnittene Fleisch und Suppengrün zusammen mit allen anderen Zutaten (den Speckzwiebeln, dem Sauerkraut und den klein geschnittenen Würstchen) in die Brühe geben.

Das ganze 30 Minuten bis 1 Stunde köcheln lassen, je nach Größe des Feuers und der Konsistenz der Zutaten.

BEILAGEN
ZU HAUPTSPEISEN ODER EINFACH ZWISCHENDURCH

BUCHWEIZENGRÜTZE

für 4–6 Personen

ZUTATEN

300 g	Buchweizengrütze
	Salz
30–40 g	Schmalz, Butter oder Speck
100 g	Quark (alternativ)

HINWEIS

Ich lasse die Grütze nach dem ersten Aufkochen kurz köcheln und stelle sie dann nur heiß (im Lager am Rand des Feuers auf heißen Steinen). Als Beilage sehr sättigend. Mit Gemüse serviert ein bekömmliches (vegetarisches) Gericht.

ZUBEREITUNG

Die gewaschene Grütze in knapp 500 ml siedendes Salzwasser geben, verrühren, das Fett zugeben und alles langsam auf kleiner Flamme garen, bis die Grütze aufgequollen ist. Dann im Wasserbad weitergaren. Die gare Grütze mit Butter oder Schmalz, ausgelassenem Speck oder auch Quark vermengen.

EIERKUCHEN IM FRÜHLING

MIT BRENNNESSELN

für 4 Personen

HINWEIS

Man kann diese herzhaften Eierkuchen auch als Beilage zu Fleisch reichen oder mit Quark bestreichen.

ZUTATEN

300 g	Weizen- oder Roggenmehl
½ TL	Salz
500 ml	Milch
6	Eier
3 EL	Honig
	Brennnesseln
	etwas Butter

ZUBEREITUNG

Mehl und Salz mit ein wenig Milch glatt rühren und mit den Eiern verquirlen. Die restliche Milch und den Honig zugeben und zu einem glatten Teig verrühren. Die frisch gepflückten jungen Brennnesseln (jung brennen sie auch beim Pflücken nicht) gründlich waschen, klein hacken und unterrühren.

Eine Messerspitze Butter schmelzen lassen und eine Schöpfkelle voll Teig backen. Der Teig sollte beim Schwenken gerade den Boden der Pfanne bedecken. Wenn der Teig goldgelb ist, wenden und die zweite Seite backen.

SAUERTEIGBROT

für 2 Brote

ZUBEREITUNG

Sauerteig ansetzen: 50 g Roggenmehl mit Wasser mischen, bis ein Brei entsteht, und diesen stehen lassen, bis er anfängt zu quellen und sauer zu riechen – kann ein paar Tage dauern.

Am ersten Tag danach eine Portion Sauerteig (50 g), 350 g Roggenmehl und 500 ml lauwarmes Wasser gut durchkneten und bis zum nächsten Tag ruhen lassen.

Am zweiten Tag zwei Portionen Sauerteig abnehmen (einmal zum Verschenken, einmal für das nächste Brot), den restlichen Sauerteig mit 500 ml lauwarmem Wasser, in dem die Hefe aufgelöst ist, 250 g Roggenmehl, 500 g Weizenvollkorn- oder Dinkelmehl und dem Salz in einer großen Schüssel vermengen. Am Ende die gewünschten Gewürze oder Zutaten unterheben. Alles gut durchkneten, 1 Stunde gehen lassen – nochmals durchkneten.

Zu Hause:

Teig auf zwei gefettete Kastenformen aufteilen und 30 Minuten gehen lassen. In der Zwischenzeit den Ofen auf 200 °C vorheizen. Ein Gefäß mit Wasser in den Backraum stellen und den Teig 1½ Stunden backen. Danach Ofen abschalten und die Brote noch 15 Minuten im Ofen lassen. Aus der Form nehmen und zum Abkühlen auf ein Gitter stellen.

Im Lager:

Teig in dünne Fladen ausrollen oder ziehen und in der Pfanne backen. Alternativ kann das Brot auch in der Glut gebacken werden. Dazu einen Eisentopf mit Brotteig in die Glut stellen, Deckel drauf und Glut auf den Deckel. Ein Kilobrot dauert zwischen 45 und 60 Minuten. Aber auch hier gilt: Probieren geht über studieren.

ZUTATEN

650 g	Roggenmehl
½	Würfel Hefe (optional)
500 g	Weizenvollkornmehl oder Dinkelmehl
1½ EL	Salz
1 TL	Koriander
	Nach Geschmack: Schinken, Käse, geröstete Zwiebeln, Knoblauch, Leinsamen, Sesam, Sonnenblumenkerne, Kürbiskerne, Nüsse, Wasser

HAFERGRÜTZE

MIT KIRSCHEN ODER ANDEREM OBST

für 4–6 Personen

ZUBEREITUNG

Die Hafergrütze mit dem Wasser und ein wenig Salz aufs Feuer stellen und regelmäßig umrühren, um zu sehen, ob sie schon quillt. Nach etwa 45 Minuten dürfte sie dann dick sein. Jetzt den Honig und das Obst zugeben. Am besten frisches Obst der Saison, Kirschen aus dem Glas gehen aber auch.

ZUTATEN
300 g Weizenmehl
300 g Roggenmehl
1 EL Zucker
6–10 Eier
Milch
2 Hände voll Möhren oder anderes Gemüse, sehr fein schneiden
3 Zwiebeln und/oder Knoblauch
frische Kräuter
wahlweise Nüsse, Haferflocken, Salz, Pfeffer, weitere Gewürze
Öl zum Braten

SAETAS PFANNENBROT

für 6–10 Personen

ZUBEREITUNG

Aus den beiden Mehlsorten, dem Zucker, den Eiern und der Milch einen zähflüssigen Teig machen. Die Menge der Milch hängt davon ab, wie dünn der Teig sein soll. Das Grundrezept ist wie bei Eierkuchen, allerdings muss dieser Teig gut gehen, also mindestens eine halbe Stunde, damit die Bindekraft des Mehls sich entwickeln kann. Man kann auch nur Roggenmehl oder eine andere Mehlsorte nehmen, sollte dann aber probieren, wie lange er stehen muss, damit er auch zusammenhält (mehr Eier geben immer mehr Bindung).

Alle Gemüsesorten, die Zwiebeln und Kräuter schön klein hacken, damit sie auch gar werden. Das Rezept lässt sich vielfältig verändern, je nach Angebot von Gemüse und Kräutern. Alles ordentlich vermischen und nach dem Gehenlassen möglicherweise noch ein wenig Milch nachgeben, damit der Teig sich gut mit der Kelle in die Pfanne befördern lässt. Würzig-kräutrig, scharf beziehungsweise pikant abschmecken, nicht süß.

HINWEIS

Ganz wichtig auf Lager: Benutzte Küchengeräte sofort einweichen oder abwaschen – wenn man da etwas stehen lässt, kann man später Häuser daraus bauen.

Wir machen das Pfannenbrot als Beilage zu Fleisch, besonders begeistert sind die Esser aber immer, wenn ich Kräuterquark dazu mache, dann haben auch gleich die Vegetarier etwas davon.

Im Unterschied zu den oft anzutreffenden Fladenbroten bleibt dieses Brot weich und ist auch kalt sehr lecker (man kann es also auch vorbereiten). Leider bleibt nie was übrig. Da muss man schon beim Braten einen Wachhund anstellen.

SEMMELKNÖDEL

für 12–15 Personen

Seit Längerem der Favorit unter den Beilagen zu Fleisch – ist zwar nicht für unsere Darstellungszeit belegt, aber alle Zutaten waren auch schon damals vorhanden. Warum also nicht? Die erste schriftliche Erwähnung stammt aus dem Tegernseer Kloster im 14. Jahrhundert. Da die Knödel wirklich viel Arbeit machen, bereite ich sie nur an Festtagen zu. Man sollte mit der Arbeit früh beginnen.

ZUBEREITUNG

Die trockenen Brötchen würfeln und in eine sehr große Schüssel geben. Nebenbei die Milch mit der Butter erwärmen, bis die Butter flüssig wird (nicht kochen).Die Zwiebeln sehr fein würfeln und in ein wenig Butter glasig dünsten.

Dann die Milch mit der Butter in der großen Schüssel über die trockenen Brötchenwürfel geben und ziehen lassen, bis die Masse weich genug zum Verrühren ist. Nach dem groben Vermengen noch mal kurz ziehen lassen. Die Gewürze und die fein gehackte Petersilie zugeben und die Eier unterrühren. Wieder ein wenig ruhen lassen und dann entscheiden, wie viel Semmelmehl und/oder Mehl nötig ist, um eine gute Bindung zu erhalten.

Wichtig beim Drehen der Knödel: Vor jedem Knödel die Hände in eine Schüssel mit Wasser tauchen. Sonst werden es keine schönen runden Knödel. Wir machen sie mit einem Durchmesser von 5–6 cm. In Bayern werden sie traditionell größer gemacht, brauchen dann natürlich aber auch länger zum Garen. Am besten alle Knödel fertig drehen und auf ein Brett legen. Während die Knödel gedreht werden, einen großen Topf mit Wasser zum Kochen bringen, dann das Feuer ein wenig wegziehen, sodass das Wasser nur noch ganz leicht köchelt, und die Knödel vorsichtig hineingeben. Wenn sie oben schwimmen, kurz (15 Minuten) ziehen lassen, dann sind sie gut.

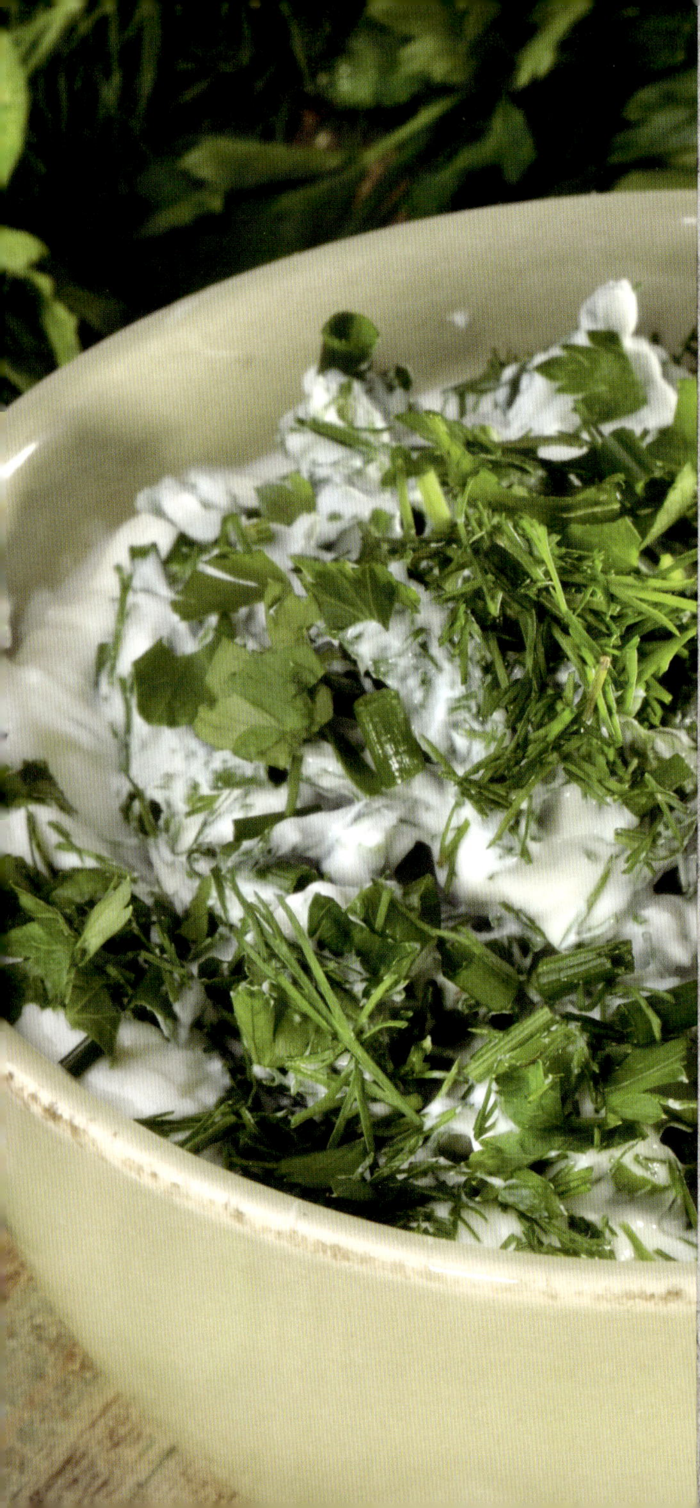

KRÄUTERQUARK

KRÄUTERQUARK

ZU GRILLFLEISCH ODER BROT

für ca. 10 Personen

ZUBEREITUNG

Quark mit den restlichen Zutaten vermischen, am Ende die fein gewürfelten Zwiebeln unterheben.

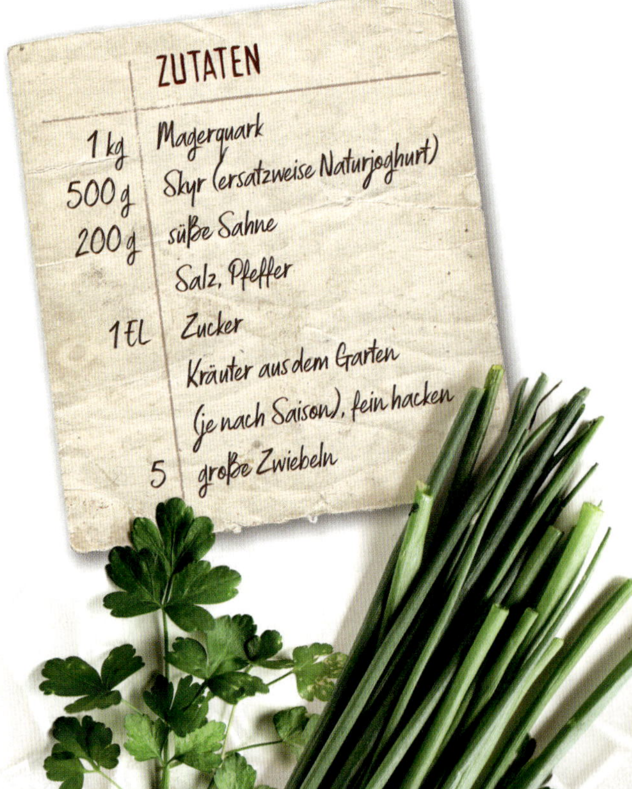

ZUTATEN

1 kg	Magerquark
500 g	Skyr (ersatzweise Naturjoghurt)
200 g	süße Sahne
	Salz, Pfeffer
1 EL	Zucker
	Kräuter aus dem Garten (je nach Saison), fein hacken
5	große Zwiebeln

SAUERAMPFERPESTO

FÜR GRILLFLEISCH

ZUBEREITUNG

Sauerampfer und Nüsse im Mörser zerkleinern, mit den anderen Zutaten zu einer sämigen Masse verrühren und kräftig würzen. Das Fleisch darin mehrere Stunden marinieren. Die Säure macht das Fleisch mürbe, sodass es die Gewürze besser aufnimmt.

	ZUTATEN
1 Schüssel	Sauerampfer
1 Handvoll	Nüsse
1–2 EL	Honig
	etwas Pflanzenöl
	Pfeffer
	etwas Salz

DER JAHRESZYKLUS DER SEEFAHRER, HÄNDLER UND BAUERN

In ihrem zyklischen Jahresablauf, der auch die Götterwelt stark mit einbezieht, waren die Wikinger nicht permanent unterwegs auf Beutezug, sondern verbrachten den größten Teil des Jahres in einer landwirtschaftlichen Kultur mit Bewirtschaftung und Lebenserhaltung. Lediglich drei Monate (wenn man nicht vom Winter überrascht wurde), ab Juni meist, wurden die Raubzüge unternommen. Die Daheimgebliebenen erledigten zu der Zeit die wichtigsten Aufgaben: die Getreideernte und das Heuen.

Im Norden lebte man von Viehzucht, auf Weiden im Gebirge – so eine Alm nannte und nennt man in Norwegen immer noch Seter –, Getreideanbau, Jagen und Fischen. Der kurze Wikingersommer begann im April. Die skandinavischen Bauern verbrachten dann viel Zeit auf ihren Feldern, stachen Torf und reparierten das, was der Frost beschädigt hatte, wenn sie nicht gerade mit Haus- und Holzarbeiten oder Schiffsbau beschäftigt waren. Angebaut wurden Roggen, Flachs, Gerste und Hafer. Gemüsefelder und Kräutergärten sorgten für die übrigen Nährstoffe. Im Mai sammelte man die Eier der brütenden Seevögel, und es war Zeit, die Schafe zu scheren. Die Schafe, Rinder und Ziegen, die mit dem Heu des letzten Jahres im Stall überwintert hatten, trieb man für die Zeit von Juni bis September auf Gebirgsweiden, und man stellte auf den Hochalmen Käse und Milchprodukte her. Hunde waren treue Hirten, Schutz und Begleiter auf der Jagd. Schmiede verbrachten zum Teil mehrere Wochen in Hochmooren, um Eisenerz zu gewinnen.

Fischer fingen im Meer und in den Fjorden Dorsche, Lachse und Forellen. Robben und Seehunde, Walrösser und Wale wurden in den Gewässern der Färöer-Inseln und Islands harpuniert oder in den übrigen Teilen Skandinaviens mit Netzen und Speeren gejagt. Wale wurden auch als zufälliger „Strandfund" aufgegriffen. In Buchten getriebene, getötete Wale wurden in Island teilweise zu Tran verarbeitet, und aus ihren Knochen wurden Gebrauchsgegenstände gefertigt.

Wildtiere wie Bären (im hohen Norden auch Eisbären), Rot- und Elchwild sowie Rentiere wurden von den Jägern wegen ihrer Felle, die einen großen Tauschwert besaßen, und wegen des Fleisches gefangen. Für Kleintiere, wie zum Beispiel Eichhörnchen, gab es selbst gebaute Fallen. Die Pelzjäger waren ganzjährig tätig und brachten Felle vom Rotfuchs, Marder, Zobel, Bisam, Hermelin und Luchs mit. Gefangene Falken wurden europäischen Adligen zur Jagd verkauft.

Gewöhnlich begann die Jagdsaison mit dem Herbstopferfest oder der Tagundnachtgleiche im September, bevor der lange Winter im Oktober mit Dunkelheit und klirrender Kälte Einzug hielt. Es wurde geschlachtet und konserviert, was nötig war, und die Wikingersippen feierten zunächst noch ihre Feste, wie die oft für den Herbstbeginn angesetzten Hochzeiten, bevor die besinnliche Zeit anbrach und das Leben sich hauptsächlich in den Häusern abspielte, wo man allen erdenklichen Handwerkstätigkeiten nachging. Im Mittwinter feierte man das Julfest und erlebte danach abermals eine dunkle und oft hungrige Zeit, bis der Frühling anbrach.

FLEISCHLOSE GERICHTE
FÜR DEN KLEINEN UND DEN GROSSEN HUNGER

VEGETARISCHE BULETTEN

für 4 Personen

ZUBEREITUNG

Am besten am Vortag Grünkern in Wasser ansetzen und kurz aufkochen lassen, dann beiseitestellen zum Ausquellen. Für den Teig den Grünkern mit Eiern, sehr klein gewürfelten Möhren und Zwiebeln mischen und würzen. Um eine Bindung zu erhalten, so viel Mehl zufügen wie nötig. Dann den Teig ein wenig ruhen lassen. Zuletzt die gehackten frischen Kräuter zugeben. In heißem Fett kleine Buletten (Frikadellen) knusprig braten. Mit Kräuterquark servieren.

ZUTATEN

300 g Grünkern (ganze Körner), alternativ auch Dinkel
3 Eier
2 Möhren (alternativ Pilze, Gemüse der Saison)
2 Zwiebeln
Salz, Pfeffer
etwas Mehl
frische Kräuter
Butter oder Öl zum Braten

HINWEIS

Sollte die erste Runde zerfallen, dem Teig noch ein wenig Mehl oder ein Ei zufügen. Übrigens schmecken auch die kleinen Krümel so gut, dass nie was davon übrig bleibt.

GÖTTERSPEISE

IN MET GEKOCHTES GEMÜSE

für 4–6 Personen

ZUBEREITUNG

Zwiebeln schälen und in Ringe schneiden. Das Gemüse würfeln. Nun werden die Zwiebeln in einer ausreichend großen Pfanne oder einem Topf mit Pflanzenöl angebraten und dann das Gemüse mit Ausnahme des Lauchs hinzugegeben. Nach ein paar Minuten mit 500 ml Met ablöschen und mit Salz würzen. Dann sanft kochen lassen, bis es al dente ist. Dabei immer wieder Honigwein zugeben, um den Flüssigkeitspegel am Boden zu halten und ein Anbrennen zu vermeiden. Nach 15–20 Minuten den Lauch beifügen. Die auf dem Boden angesammelte Flüssigkeit verkochen lassen.

Sollte Met übrig sein: **Prost!**

GEMÜSESPIESSE

GEMÜSESPIESSE

VEGGIESCHASCHLIK

für 1 Person

ZUBEREITUNG

Obst und Gemüse zurechtschneiden (Zwiebeln in Viertel, Möhren in Scheiben, Äpfel in Spalten usw.) und abwechselnd auf die Stäbchen stecken, scharf würzen und auf dem Grill oder in der Pfanne mit etwas Pflanzenöl braten. Kurz vor Ende der Garzeit gehackte Kräuter darüberstreuen.

ZUTATEN

	Obst und Gemüse, etwa Zwiebeln, Möhren, Äpfel, Kohlrabi, Birne und Porree
3	Schaschlikstäbchen
	etwas Salz, Pfeffer
2 EL	Pflanzenöl
	frische Kräuter

HINWEIS

Dazu passen Fladenbrot und ein Dip (zum Beispiel Skyr oder Naturjoghurt mit beigemischten Kräutern und Sahne).

DINKELSALAT

für 4–6 Personen

ZUBEREITUNG

Den eingeweichten Dinkel (am Vortag abends mit reichlich Wasser bedecken) mit dem Einweichwasser 30 Minuten kochen, dann ausquellen lassen. Wenn er gar ist, abtropfen lassen. Man kann ihn auch schon einen Tag vorher kochen, dann gibt es keinen Stress, wenn er nicht gleich ausquillt. Die restlichen Zutaten dazugeben, dann mit dem Dressing mischen und durchziehen lassen.

ZUTATEN FÜR DAS DRESSING

2	Becher Crème fraîche
6 EL	Weinessig
3	Knoblauchzehen, klein gehackt
2 TL	Senf
2 TL	Majoran
	Salz, Pfeffer
	Zucker
	etwas Petersilie oder andere Kräuter

ZUTATEN FÜR DEN SALAT

500 g	Dinkel
10	Möhrchen, in kleine Scheibchen oder Würfelchen geschnitten
4	Zwiebeln, fein gehackt
300 g	Gemüse (Rettich, Gurke und Ähnliches), klein gewürfelt
300 g	Schafskäse, in Würfelchen geschnitten
5	hart gekochte Eier, gewürfelt

HINWEIS

Der Salat lässt sich natürlich auch ohne Crème fraîche zubereiten. Dann nimmt man zu den Gewürzen etwas weniger Essig und ein wenig Olivenöl, damit es rund wird. Der Salat ist gut als Sättigungsbeilage auf Lager geeignet, da er einen hohen Nährwert hat. Buletten kombinieren sich wirklich ausgezeichnet damit. Und die Vegetarier haben so auch keine Probleme.

QUARKKNÖDEL

GEFÜLLTE QUARKKNÖDEL

für 4 Personen

ZUBEREITUNG

Quark mit Grieß, Mehl, Ei, Salz und Zucker mischen. Eine kleine Menge mit einem Löffel abnehmen und platt drücken. Dann ein wenig Marmelade daraufgeben und kleine Knödel formen, nebenbei Wasser zum Kochen bringen. Das Formen der Knödel ist nicht ganz einfach, denn die Marmelade sucht sich ständig einen Weg nach draußen.

Die Knödel in das kochende Wasser geben. Wenn sie oben schwimmen, noch kurz ziehen lassen, dann sind sie gut. Wenn alle Knödel fertig sind, in einer Pfanne Butter schmelzen und darin die Semmelbrösel goldgelb rösten, dann die Knödel darin wälzen und sofort servieren.

ZUTATEN

400 g	Magerquark
80 g	Grieß
100 g	Mehl
1	Ei
	Salz
1 TL	Zucker
	Marmelade
	Butter
	Semmelbrösel

PASTINAKEN

PASTINAKENGEMÜSE

ZUBEREITUNG

Pastinaken schälen, in Würfel schneiden und in wenig Wasser garen. Sie fühlen sich beim Schälen und Schneiden ein wenig schwammig an, sind aber extrem lecker, wenn sie gekocht sind. Ich koche sie nur kurz (5–10 Minuten) und schwenke sie dann noch in ein wenig zerlassener Butter.

ZUTATEN

Pastinaken, Butter

INFO

Die fleischige Wurzel zählte bis Mitte des 18. Jahrhunderts zu den wichtigsten Grundnahrungsmitteln in Deutschland. Kartoffel und Karotte verdrängten sie von ihrer Spitzenposition. Den Bauern war die siebenmonatige Wartezeit von der Saat bis zur Ernte einfach zu lang.

PILZKÖPFE MIT KNOBLAUCH

ALS VORSPEISE ODER ALS VEGETARISCHE HAUPTSPEISE

Vorspeise für 4 Personen

ZUTATEN

20 große, braune Pilzköpfe (z. B. Champignons, Steinpilze)
2 Knoblauchzehen
150 g Butter
Salz, Pfeffer
etwas Thymian
75 g Pinienkerne
1 großer Bund Petersilie

ZUBEREITUNG

Die Pilze putzen, Stiele entfernen. Den frischen, fein gehackten Knoblauch in eine Schüssel geben. Dann 130 g Butter und das Salz zufügen und mit einem Löffelrücken zu einer Paste zerdrücken. Gehackten Thymian, Pinienkerne, Pfeffer und gehackte Petersilie unterrühren. Die restliche Butter in der Pfanne erhitzen und die Pilze mit der Kopfseite nach unten dazugeben. Eine Minute braten und dann mit dem Löffel das Kräuterbutter-Knoblauch-Gemisch in die ausgehöhlten Pilzköpfe geben. Nun die gefüllten Pilze weiterbraten, bis die Butter durch die Pilzköpfe tropft (1–5 Minuten, je nach Größe). Sofort servieren und mit frischem Brot die Knoblauchsäfte aufsaugen.

Nach einem Rezept auf Ydalir.co.uk

GEBACKENE ZWIFFL

GEBACKENE ZWIEBELN

für 4 Personen

ZUTATEN

600 g	Zwiebeln
40 g	Butter oder Schmalz
1 EL	Honig
125 ml	Weißwein
	Salz
4 EL	süße Sahne
2 EL	Kräuter, gehackt

ZUBEREITUNG

Die Zwiebeln schälen und in gut 1 cm dicke Scheiben schneiden. Das Fett zerlassen, den Honig darin auflösen und die Zwiebelscheiben zugeben. Kurz anbraten, den Wein zugießen und zugedeckt 20–30 Minuten schmoren lassen. Salzen, mit der Sahne binden und mit den Kräutern abschmecken.

Aus Hans Jürgen Fahrenkamp:
Wie man eyn teutsches Mannsbild bey Kräfften hält.

HINWEIS

Das Gericht hört sich erst einmal etwas seltsam an, aber es ist sehr lecker zu Fleisch oder zu Brot. Und das Beste: Auch die kalten Reste schmecken als Brotaufstrich.

GELBE RUBEN

GELBE RUBEN

für 4–6 Personen

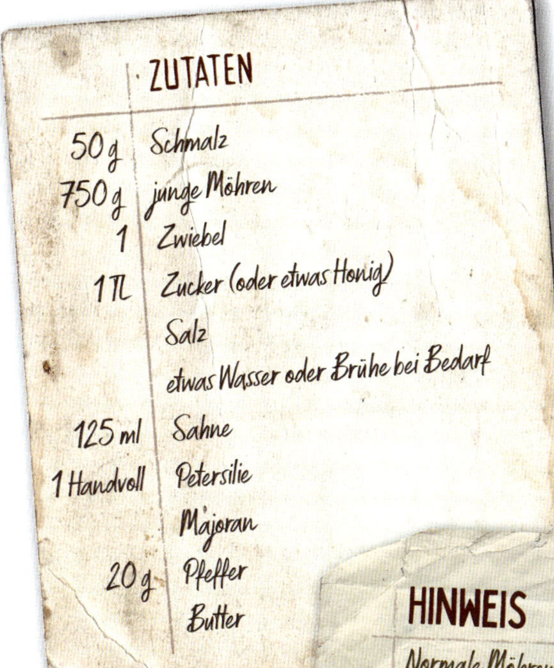

ZUTATEN

50 g	Schmalz
750 g	junge Möhren
1	Zwiebel
1 TL	Zucker (oder etwas Honig)
	Salz
	etwas Wasser oder Brühe bei Bedarf
125 ml	Sahne
1 Handvoll	Petersilie
	Majoran
20 g	Pfeffer
	Butter

ZUBEREITUNG

Fett im Topf zerlassen, die jungen Möhren nur waschen und ganz mit der fein geschnittenen Zwiebel in den Topf geben. Mit Zucker oder Honig und Salz würzen und zugedeckt 5 Minuten lang schmoren lassen – öfter schwenken oder schütteln, bis sich etwas Flüssigkeit gebildet hat (falls das nicht reicht, etwas Wasser oder Brühe zugeben). Dann weiterschmoren lassen.

Nach 10 Minuten die Sahne, die gehackte Petersilie und Majoran zugeben, mit Pfeffer abschmecken und ohne Deckel unter Schütteln den Saft einkochen lassen. Mit Butter durchschwenken und servieren.

Aus Hans Jürgen Fahrenkamp:
Wie man eyn teutsches Mannsbild bey Kräfften hält.

HINWEIS

Normale Möhren gehen auch. Ich schneide sie dann in kleine Stifte. Das ist nicht gerade ein Rezept für eine Diät, aber wer das Gericht einmal probiert, wird es lieben. Man kann das Fett etwas reduzieren, indem man am Schluss die Butter weglässt.

FLEISCHGERICHTE
NICHTS FÜR VEGETARIER

KANINCHEN

IN DER PFANNE

für 5-6 Personen

ZUBEREITUNG

Das gewaschene und trocken getupfte Kaninchen in Teile zerlegen (sehr publikumswirksam, wenn man das im Lager macht) und mit Salz und Pfeffer würzen. Öl in einem nicht zu kleinen Topf oder einer tiefen Pfanne erhitzen. Die Teile hineinlegen und ein wachsames Auge behalten – ab und zu wenden, bis alles gar und schön knusprig ist. Geschmortes Gemüse dazu reichen.

HINWEIS

Eigentlich reicht das eigene Fett, um das Kaninchen zu schmoren, aber man kann auch ab und zu ein bisschen Wasser dazugeben, um sicherzugehen, dass es nicht anbrennt. Das Feuer sollte gleichmäßig und klein sein. In einem Topf mit Deckel wird das Gericht schneller gar. Zum Ende der Garzeit den Deckel weglassen, damit eine schöne Bräunung entsteht. Man sollte mit einer Garzeit von 1½–2 Stunden rechnen.

ZUTATEN

1 Kaninchen
Salz, Pfeffer
etwas Öl

FLEISCHTOPF

MIT ROTKOHL

für 10 Personen

ZUBEREITUNG

Die Zwiebeln grob hacken und in dem heißen Öl anbraten. Klein geschnittenes Fleisch dazugeben und schmoren, dann mit Salz und reichlich Pfeffer würzen. Das Fleisch gibt normalerweise genügend Wasser ab; trotzdem gut aufpassen, dass es nicht anbrennt. Man sollte mit 3 Stunden Garzeit rechnen, eher länger.

Den Rotkohl in kleine Würfel schneiden und im letzten Drittel der Garzeit dazugeben. Wenn vorhanden, Fleischbrühe, ansonsten Wasser zugeben und garen. Die Menge des Wassers der Brühe ist davon abhängig, wie viel Soße entstehen soll. Am Ende mit der Sahne abrunden und abschmecken.

ZUTATEN

2 kg	Zwiebeln
	Öl
4 kg	Gulasch oder Fleisch im Stück (Schwein, Rind oder beides)
	Salz, Pfeffer
1–2	Rotkohl
	Fleischbrühe
	Sahne
	Küchenkräuter

HINWEIS

Der Rotkohl macht den Fleischtopf saftiger. Dazu passt Brot, aber auch Buchweizengrütze ist denkbar. Mit den Kräutern ruhig ein wenig experimentieren. Ich habe das Sommerbohnenkraut für mich entdeckt – sehr aromatisch und angenehm duftend, und die Nase isst ja auch irgendwie mit. Das hier angegebene Mischungsverhältnis von Fleisch, Zwiebeln und Rotkohl ist natürlich nur eine Richtlinie.

FLEISCH

IN ROSMARIN-ZWIEBEL-SAUCE

für 8-10 Personen

ZUTATEN

10	Fleischscheiben (Kamm oder Kotelett)
	Öl oder Margarine
5	große Zwiebeln
5	Zweige Rosmarin
3 EL	Honig
1 Tasse	Sahne
	Salz, Pfeffer

ZUBEREITUNG

Die Fleischscheiben in Öl oder Margarine von beiden Seiten scharf anbraten und beiseitestellen. In dem Fett die Zwiebelringe goldgelb braten und den Rosmarin klein geschnitten beigeben, mit etwas Wasser ablöschen und den Honig zugeben. Dann etwas reduzieren lassen und die Sahne zugeben. Mit Salz und Pfeffer würzen. Die Fleischscheiben wieder zugeben und nochmals 10 Minuten köcheln lassen. Auf Lager kann es auch etwas länger sein. Wenn die Sauce zu dick wird, noch etwas Wasser oder Sahne zugeben.

HINWEIS

Wenn man alles in der Pfanne machen will, muss sie groß genug sein. Man kann die Sauce nach Fertigstellung auch in einen Topf geben und dort die Fleischscheiben zugegeben.

AUFGESPIESSTES MET-HUHN

für 2-4 Personen

ZUBEREITUNG

Das Huhn wird ein paar Stunden vor dem Garen innen und außen kräftig mit Salz und Pfeffer eingerieben. Man kann auch Knoblauch oder Kräuter verwenden.

VORBEREITUNG DER FEUERSTELLE

Ein Glutbett, das nur hin und wieder mit neuer Nahrung – sprich Holz (Linde, Buche, Erle) – versehen wird, ist sinnvoll. Man sollte die Hand gerade noch auf Höhe des Huhnes über das Feuer halten können, ohne dass es Brandblasen gibt, dann ist eine gute Temperatur erreicht. Die Flammen sollten keinesfalls bis ans Huhn schlagen.

Das Huhn aufspießen und gut befestigen, damit es nicht runterfällt. Nun sind 2–3 Stunden geduldiges Drehen erforderlich, um das Huhn auch im Kern gar zu bekommen. Nach 1 Stunde, wenn das Huhn etwas Farbe bekommen hat, damit beginnen, das Huhn ab und zu mit dem Met regelmäßig zu benetzen. Ein Pinsel kann dabei hilfreich sein. Der Honig soll durch die Hitze karamellisieren.

FÅR I KÅL

HAMMEL- UND KOHLTOPF

für 4 Personen

ZUTATEN

750 g	Weißkohl, gebrüht, in Achtel geschnitten
500 g	Zwiebeln, in Scheiben geschnitten
750 g	Schaf- oder Hammelfleisch, gebrüht, gewürfelt
1 TL	Pfefferkörner
	Salz
70 g	Mehl
1 EL	Petersilie, fein gehackt

HINWEIS

Får i kål ist ein traditionelles Gericht, das wiedererwärmt erst seinen Geschmack optimal entfaltet.

ZUBEREITUNG

Den Kohl, die Zwiebeln und das Hammelfleisch in einem großen Topf schichten, Pfefferkörner jeweils auf das Fleisch streuen, mit Kohl abschließen, mit Salz bestreuen, Topf zu zwei Dritteln mit kochendem Wasser füllen. In gut geschlossenem Topf 2 Stunden lang bei mäßiger Hitze schmoren. Aus dem Mehl und einer halben Tasse Wasser einen Brei anrühren, am Schluss zugeben. Gericht durchschütteln und mit Petersilie bestreuen.

Originalrezept: Martin Marheinecke, Verein Rabenclan. Verein zur Weiterentwicklung heidnischer Traditionen e. V.

ZUTATEN FÜR DAS SELLERIEPÜREE

1	Knollensellerie
	Wasser
	etwas Salz und Pfeffer
	Sahne

ZUTATEN FÜR DAS MANGOLDHUHN

6	Hähnchenbrustfilets
	Salz, Pfeffer
3 Bund	Mangold

MANGOLDHUHN

UND SELLERIEPÜREE

für 4 Personen

ZUBEREITUNG

Die Sellerieknolle putzen und schälen, klein würfeln und bei mittlerer Hitze kochen, bis sie weich ist. Dann einen Teil des Wassers abschütten und den Sellerie pürieren, dabei nach Geschmack Salz und Pfeffer beigeben und so viel Sahne hinzufügen, bis die gewünschte Cremigkeit erreicht ist. Warm stellen.

Die Hähnchenstücke halbieren, gut salzen und pfeffern und einzeln in die Mangoldblätter einwickeln. Die Päckchen in einen großen Topf legen, Wasser zugießen, bis sie gerade bedeckt sind, und bei wenig Feuer köcheln lassen, bis die Stücke gar sind.

Originalrezept: Sigrid Peters, in: Abenteuer Archäologie 1/2007

SELBST WAR DIE FRAU

Die Wikinger waren wie alle alten Kulturen zum allergrößten Teil auf eigene Erzeugnisse angewiesen. Lebensmittel, Kleidung, Waffen und Schmuck sowie Handelsware aus Holz und Eisen und fast alles für den täglichen Gebrauch wurden von ihnen selbst angebaut und hergestellt, und jeder Mann war Jäger, Kürschner, Schneider und was noch anfiel zugleich. Es gab jedoch in Städten und an Handelsplätzen auch spezialisierte Handwerker. Neben ihrem Vielgötterglauben und den dazugehörigen Gebräuchen und Ritualen war ihnen Familie und Gemeinschaft das Wichtigste, denn innerhalb der Gruppe waren sie stark (auch Frauen, wenn sie über Monate ohne Männer im Dorf waren) und gegen Angreifer gewappnet.

Ihre Gesellschaftshierarchie gliederte sich in:

- **Jarl (Häuptlinge und Könige)**
- **Bondi (freie Männer mit Grundbesitz)**
- **Thræll (Sklaven)**

Die Rechtsprechung wurde ähnlich einer Demokratie gegen Mittsommer in einer sogenannten Thingversammlung in der Nähe von Kultstätten abgehalten. Daneben war das Thing wichtig für Handelsdebatten und religiöse Angelegenheiten.

Die Wikinger bewohnten, wie die alten Siedlungsüberreste zeigten, kleine Dorfzusammenschlüsse. Den von drei bekannten Häusertypen bekanntesten und zahlenmäßig stärksten bildeten die Langhäuser. Sie bestanden aus Holz und hatten eine zentrale Halle, in der sich das soziale Leben abspielte. Dort wurde gekocht, gegessen, geschlafen und gespielt. Der Boden war aus Lehm und in der Mitte des Raumes brannte ein offenes Feuer, welches in diesen fast fensterlosen Bauten Licht und Wärmequelle war und zudem als Kochstelle diente. Der Rauch zog über der Herdstelle durch ein Loch im Dach direkt ab. Brennholz wurde im Sommer in den Gebirgen geschlagen, wo man auch Holzkohle für die Schmiede besorgte. Manchmal gab es an den Seiten des Langhauses kleine Nebenräume, in denen ebenfalls gekocht, gestickt und gesponnen wurde.

Die sechs verschiedenen Kunststile, die sich während der Wikingerzeit im Handwerk herausgebildet haben, waren Oseberg, Borre, Jelling, Mammen, Ringerike und der Urnes. Sie begegnen uns bei Ausgrabungen in Form von reichhaltig verzierten Waffen, Runensteinen, Kämmen, Holzarbeiten und Schmuck.

Die norwegischen Stabkirchen in ihrer einzigartigen Bauart erinnern mit ihrer Ornamentik an den Portalen und Pfeilern noch heute an die hoch entwickelte künstlerische Tätigkeit der Wikinger.

In Wikingerfamilien genoss die Frau im Vergleich zu Frauen in anderen Kulturen dieser Zeit hohes gesellschaftliches Ansehen. Sie lebte vergleichsweise uneingeschränkt, auch wenn sie sich ihren Ehemann in der Regel nicht selbst aussuchen konnte und die Ehen zum Zweck des Friedens oder der Besitzvermehrung durch Mitgift und Brautpreis einer Sippe beziehungsweise Zeugung von Nachwuchs geschlossen wurden. Aufgrund der hohen Sterberate von Kindern im Mittelalter war zahlreicher Nachwuchs sehr wichtig für den Bestand der Sippe und die soziale Absicherung vor allem der Frau. Rudolf Simek zeigt in seinem Buch *Die Wikinger* auf, dass Runensteine, die von Frauen in Auftrag gegeben wurden, oftmals als Zeugnis für die Erbfolge gelesen werden können.

Das prächtigste erhaltene Hügelgrab der Wikingerzeit war das der Königin Åsa in Oseberg. Das Grab enthielt unter anderem mehrere Schlitten und mit einer Länge von 22 Metern eines der größten und schönsten erhaltenen Wikingerschiffe, die man als Grabbeigabe gefunden hat. Anhand dessen kann man die Spuren des gesellschaftlichen Lebens und die Stellung dieser hochadligen Frau gut ablesen, die mit einer Sklavin oder einer Verwandten beigesetzt wurde.

Bis ein Mann zum Heiraten gefunden wurde, stand die Frau unter der *munt* des Vaters. Bevor die Christianisierung einsetzte, war es freien Wikingerinnen gestattet, sich von ihren Männern scheiden zu lassen (oder umgekehrt). Das aber auch nur, wenn diese sie schlecht behandelt oder unzureichend versorgt hatten oder zeugungsunfähig waren. Die Frau hatte Anspruch auf eine Art Entschädigung oder sogar auf die Hälfte des Hab und Guts des Mannes, wenn sie ihn mit den gemeinsamen Kindern verließ. Der Mann jedoch hatte das Recht auf Nebenfrauen oder die Tötung oder Aussetzung eines behinderten oder unehelichen Kindes beziehungsweise seiner Ehefrau und ihres Geliebten im Fall des Ehebruchs. Eine Entschädigung bekam die Frau auch im Todesfall (was sehr oft vorkam), häufig, indem sie die vollständige Position ihres Ehemannes übernahm und ihn inklusive eigenen Landbesitzes und Befehlsgewalt über Sklaven beerben konnte.

Die Frauen waren die stolzen „Hüterinnen des (Herd-)Feuers" und der Traditionen, und viele Seherinnen (Völven) und Zauberer in der nordischen Mythologie und Skaldendichtung waren weiblich, wie etwa die drei Nornen Urd, Skuld und Verdandi in der *Edda*, die Liebes-, Ehe- und Fruchtbarkeitsgöttin Freya oder die Todesgöttin Hel. Auch werden die in der Schlacht gefallenen Krieger, die Einherjer genannt wurden, von weiblichen Geisterwesen aus dem Gefolge des Göttervaters Odin, den Walküren, ins Heldenreich Walhalla geleitet.

Neben dem Nähen, dem Sticken und dem Weben von Textilien aus Schafswolle und Flachs gehörten auch die Versorgung des Viehs, die Erziehung der Kinder (das Recht über die Kinder besaß allerdings der Mann, insofern er sie als Vater anerkannt hatte) und das Kochen sowie das Bierbrauen zu den Aufgaben der Wikingerfrau.

Einen großen Teil ihrer Zeit verbrachten die Frauen der Familie gemeinsam am Herdfeuer. Die täglichen harten Arbeiten konnte kein anämisches, schwächliches Weib ohne Selbstbewusstsein verrichten, wie wir es mitunter in der Darstellung adeliger Damen des Hochmittelalters finden. Wer nicht anpacken konnte und nicht in der Lage war, einen Hof selbstständig zu bewirtschaften, war kein nützliches Gesellschaftsmitglied.

Üblicherweise wurden an einem Wikingertag zwei Mahlzeiten eingenommen, die von den Frauen zubereitet wurden. Die erste, das Frühstück *(dagverdamál)*, am Morgen ein paar Stunden nach Beginn der täglichen Arbeit und die zweite, das Abendbrot *(náttmál)*, nach der Arbeit gemeinsam am Abend. Die Zeiten variierten wahrscheinlich je nach Jahreszeit und somit Tageslichtzeit.

Die Kinder halfen auf dem Hof bei den täglichen Arbeiten und beim Zubereiten der Speisen genauso mit wie die Erwachsenen und wurden als eigenständige Wesen betrachtet, die das Erwachsenenalter noch nicht erreicht haben. Wenn die Männer auf See waren, blieben die Frauen als ihre Vertreterinnen daheim und kümmerten sich um den Hof, verhandelten mit Händlern und verteilten Aufgaben an die Sklaven.

FISCHGERICHTE
WAS DAS MEER SO ZU BIETEN HAT

FISCHSUPPE

für 6 Personen

ZUBEREITUNG

Zwiebel abziehen und würfeln. Suppengrün waschen und klein schneiden. Frühlingszwiebeln in kleine Ringe schneiden. Dill unter kaltem Wasser abbrausen, trocken schütteln und fein schneiden. Karkassen gründlich abspülen, bis das Wasser klar ist. Abtropfen lassen.

Die Hälfte der Butter in einem hohen Topf schmelzen und die Karkassen darin 5 Minuten anbraten, die Hälfte des Gemüses und die Zwiebel dazugeben und andünsten. Mit Wasser ablöschen.

Die Karkassen sollten gut mit Flüssigkeit bedeckt sein. Aufkochen lassen und anschließend die Temperatur reduzieren. Den Fischfond mindestens 30–40 Minuten auf kleiner Flamme köcheln lassen. Den dabei entstehenden Schaum abschöpfen.

Den Fond durch ein Sieb oder grobes Tuch gießen und die Brühe auffangen. An den Gräten ist immer noch etwas Fleisch vorhanden. Das Fischfleisch und das noch nicht verkochte Gemüse vorsichtig zur Suppe geben.

Frühlingszwiebel und die andere Hälfte des Suppengrüns zum Fischfond geben und 20 Minuten köcheln lassen. Mit Salz, Pfeffer, Dill und einem Schuss Essig abschmecken.

Fischfilets in Stücke schneiden und unter kaltem Wasser abbrausen, trocken tupfen und in etwas Butter kurz anbraten. Vor dem Servieren in die Fischsuppe geben.

ZUTATEN

1	Zwiebel
2 Bund	Suppengrün
1 Bund	Frühlingszwiebeln
1 Bund	Dill
2 kg	Karkassen (Fischabfälle wie Kopf, Gräten, Schwanz)
50 g	Butter
3 l	Wasser
	Salz, Pfeffer
	Essig
1,5 kg	verschiedene Fischfilets, küchenfertig

FISKEKAKER

NORWEGISCHE FISCHFRIKADELLEN

für 20 Frikadellen

ZUBEREITUNG

Die Filets in ganz kleine Stücke schneiden, die Zwiebel fein würfeln. Das Roggenmehl in der kalten Milch klümpchenfrei verrühren. Die Fischschnipsel mit der Zwiebel, der Milch-Mehl-Mischung und dem eingeweichten Brötchen sowie den Eiern verrühren. Dann die Masse würzen. Da das Roggenmehl seine Bindekraft erst nach einiger Zeit erreicht, die Masse eine Viertelstunde stehen lassen. Nun noch einmal alles gut durchmischen und flache Frikadellen formen. Diese in den Semmelbröseln aus den restlichen 2 Brötchen wenden, damit eine schöne knusprige Kruste entsteht. Die Frikadellen in der Butter langsam auf beiden Seiten braten, damit sie auch innen gar werden.

ZUTATEN

750 g	Fischfilet (Seelachs, Schellfisch, Dorsch)
1	Zwiebel
2 EL	Roggenmehl
150 ml	Milch
1	Brötchen (in Wasser eingeweicht und ausgedrückt)
2	Eier
2	getrocknete Brötchen, gehackt
	Salz, Pfeffer und andere Gewürze
	Butter

TIPP

Wenn man ganze Fische kauft oder angelt und selbst filetiert, braucht man etwa 2 kg Fisch. Aus den Resten lässt sich prima ein Fischfond für eine Sauce kochen.

FORELLE MIT KRÄUTERN

für 1 Person

ZUBEREITUNG

Den Fisch putzen und salzen, die Melisse in die Bauchhöhle füllen. Die Forellen im Mehl wälzen und das Fett in der Pfanne erhitzen. Nun den Fisch 5 Minuten von jeder Seite braten, bis er gut durch ist. Dann heiß mit Brot servieren.

	ZUTATEN
1	kleinere Forelle
	Salz
1 Bund	Zitronenmelisse
	etwas Mehl
	Öl, Butter oder Bratenfett

WILDLACHSFILETS

MIT MACHANDELBEEREN

ZUTATEN

4	Wildlachssteaks, 2 Finger dick
50 g	Butter und etwas extra für die Pfanne
10	Wacholderbeeren, klein gedrückt
50 g	Schnittlauch oder Petersilie
1 TL	Salz

INFO

Wacholderbeeren sind blutreinigend und verdauungsanregend. Der Wacholderbusch galt zu heidnischer Zeit als Hüter der Schwelle zwischen den Welten der Lebenden und der Toten.

Der alte Name „Wachhalter" zeugt davon – wenn auch volksetymologisch. Die Wacholderbeere wird auch Machandelbeere oder Kranewitterbeere genannt.

ZUBEREITUNG

Den Lachs trocken tupfen und auf einem Grillrost oder in einer Pfanne mit wenig Butter goldbraun rösten. Die Wacholderbeeren, den gehackten Schnittlauch oder die Petersilie, Salz und Butter miteinander vermengen. Diese Wacholderbutter über den Lachssteaks zerlaufen lassen.

Als Beilage eignen sich glasiertes Wurzelgemüse (z. B. Steckrüben) und Brot.

FISKE BOLLUR

ISLÄNDISCHE FISCHBÄLLCHEN

für 2–4 Personen

ZUTATEN

- 1 Kabeljaufilet
- 1 Seewolffilet
- 1 EL gelbes Senfpulver
- 1 EL braunes Senfpulver
- Salz, Pfeffer
- 1 TL frisch geriebene Muskatnuss oder Engelwurzpulver (wenn frisch, nur junge Blätter und wenig verwenden)
- 1 Knoblauchzehe
- 2–3 Eier
- Semmelbrösel
- Schweineschmalz oder Butter

ZUBEREITUNG

Vorsichtig die Haut der Filets entfernen und den Fisch würfeln. Senfpulver, Salz, Pfeffer und Muskatnuss oder Engelwurz zusammen mit dem Fisch und der gehackten Knoblauchzehe vermengen. Einige Minuten kühl stellen. Wenn die Masse kühl und fest ist, mit den Händen Fischbällchen formen und diese in geschlagenem Ei und Semmelbröseln drehen. Fett in eine tiefe Pfanne geben, bis der Boden zwei Finger hoch damit angefüllt ist. Nun etwa 10 Minuten erhitzen, bis das Öl siedend heiß ist. Die Bällchen im Öl frittieren, bis sie goldbraun sind. Heiß oder kalt servieren.

SÜSSSPEISEN

FÜR NASCHKATZEN

HIRSEBREI

DER BREI AUS DEM MÄRCHEN

für 6 Personen

ZUTATEN

1 l	Milch
1 EL	Butter
3 EL	Honig
1 TL	Salz
200 g	Hirse

ZUBEREITUNG

Die Milch mit der Butter, dem Honig und dem Salz aufkochen. Dann die gewaschene Hirse zugeben und 1 Stunde bei schwacher Hitze quellen lassen, bis ein sämiger Brei entstanden ist.

HINWEIS

Man kann den Brei mit verschiedenen Zutaten verfeinern:

- mit Zucker und Zimt (wenn man es mit der Authentizität nicht so genau nimmt)
- mit Äpfeln (schön klein geschnitten und kurz vor Ende der Garzeit zugegeben)
- mit etwas mehr Honig, für die lieben Kleinen
- mit Kirschen (zu Hause auch aus dem Glas) oder anderem Obst

Wenn man den Hirsebrei zum Frühstück servieren will, muss man früh aufstehen, denn bei offenem Feuer kann er auch mal länger zum Quellen brauchen.

EIERKUCHEN/PFANNKUCHEN

EIERKUCHEN/PFANNKUCHEN

DER HIT FÜR DIE LIEBEN KLEINEN ... UND FÜR SÜSSE KRIEGER

für 4 Personen

ZUTATEN

150 g	Roggenmehl
150 g	Weizenmehl
½ TL	Salz
500 ml	Milch
6	Eier
3 EL	Honig
	etwas Butter

ZUBEREITUNG

Mehl (mit halb Roggen- und halb Weizenmehl wird es herzhafter) und Salz mit ein wenig Milch glatt rühren und mit den Eiern verquirlen. Die restliche Milch und den Honig zugeben und zu einem glatten Teig verrühren. Wichtig: Den Teig vor dem Backen gut eine halbe Stunde stehen lassen, damit das Mehl seine Bindekraft entwickeln kann. Eine Messerspitze Butter schmelzen lassen und eine Kelle Teig backen. Der Teig sollte beim Schwenken gerade den Boden der Pfanne bedecken. Wenn der Teig goldgelb ist, wenden und die zweite Seite backen.

HINWEIS

Man kann die Eierkuchen mit verschiedenen Zutaten verfeinern:

- mit Äpfeln (in dünne Scheibchen geschnitten in der Butter anschwitzen und dann erst den Teig darübergießen)
- mit Mandeln oder anderen Nüssen: in der Pfanne anbraten und dann den Teig darübergeben
- mit herzhaften Zutaten

HOLUNDERSUPPE

MIT GRIESSKLÖSSCHEN

für 6 Personen

ZUBEREITUNG

Holundersaft

Die Holunderbeeren mit einer Gabel von den Stielen pflücken. Die Beeren waschen und in einen großen Topf geben. Mit heißem Wasser überbrühen und zum Kochen bringen. Die Beeren 1 Stunde köcheln lassen. Dann mit einem Sieb oder einem groben Tuch abseihen und den Saft beiseitestellen. Man könnte den Saft gleich mit Zucker kochen.

Suppe

Den Saft erhitzen. Das Roggenmehl in ein wenig kaltem Wasser auflösen und zum Binden der Suppe verwenden. Sollte man die Beeren ohne Zucker gekocht haben, dann jetzt nach Geschmack hinzufügen.

Grießklößchen

Die Grießklößchen lassen sich vorher einzeln kochen und dann in der Suppe erhitzen. Man kann sie natürlich auch direkt in der Suppe garen.

Milch mit Butter, ½ Teelöffel Salz und Muskat zum Kochen bringen, dann den Grieß einstreuen. In die feste Masse ein Ei geben und das Ganze kalt stellen. Das andere Ei unter den erkalteten Grießteig rühren und mit nassen Händen kleine Klöße formen. Die Klößchen in reichlich kochendes Salzwasser geben und bei schwacher Hitze ziehen lassen, bis sie gar sind und oben schwimmen.

HINWEIS

Zum Binden der Suppe verwende ich zu Hause Puddingpulver (Vanille oder Sahne).

Abwandlungen:

- Apfelstückchen in der Suppe mitkochen
- mit in Butter gerösteten Weizenbrotwürfeln als Beilage

Holundersaft kann man auch fertig im Discounter oder Reformhaus kaufen.

ZUTATEN

	Unmengen Holunderbeeren
	Zucker
	Roggenmehl
375 ml	Milch
1 EL	Butter
1 TL	Salz
1 Prise	Muskat
125 g	Hartweizengrieß
2	Eier

DIE GLAUBENSWELT DER WIKINGER

Die Nordmänner hatten ein sehr interessantes Weltbild mit einer umfassenden Götterwelt. Woher stammt 1.000 Jahre später unser Wissen darüber? Die wichtigsten Quellen für die nordische Mythologie stellen die Lieder der *Lieder-Edda* und die Geschichten der *Prosa-Edda* des Snorri Sturluson dar. Dabei handelt es sich um Dichtkunst des frühen Islands, die bis ins 13. Jahrhundert aufgeschrieben wurde. Auch weitere schriftliche Zeugnisse Skandinaviens sind erst nach der Christianisierung entstanden und daher in unterschiedlichem Umfang von christlichem Glauben und klerikaler Bildung beeinflusst worden.

Das Weltbild, das in den Mythen der Wikinger entworfen wird, ist nicht wie in der Bibel um einen Mittelpunkt (Gott) aufgebaut, sondern eher in einer zeitlichen Dimension von Nähe und Ferne angesiedelt, die auch ständig im Umbruch ist. Als Beginn wird das Chaos mit der Geburt der Riesen und der Entstehung des Weltenbaumes Yggdrasil angenommen. Er ist bis heute ein Sinnbild der Schöpfung. Am Fuß des Weltenbaumes ist der Urdbrunnen, wo die drei Nornen Urd (Vergangenheit), Verdandi (Gegenwart) und Skuld (Zukunft) wohnen und das Schicksal der Götter und Menschen weben.

Die Ragnarök ist der Endkampf der Götter mit den Riesen, bevor die Welt neu entsteht. Dazwischen kann man sich die Entstehung der neun Welten und Götter vorstellen. Die Bezeichnung und Anordnung der Welten wird sehr unterschiedlich interpretiert und dargestellt.

Die Götterwelt teilt sich in die älteren Wanen und die jüngeren Asen. Die Wanen leben in Wanaheim, die Asen in Asgard, wo jeder Gott von seinem eigenen Wohnsitz aus regiert. Außerdem in der Oberwelt liegt Ljossalfheim, die Welt der Elfen.

Das Reich der Menschen liegt zentral und wird als Midgard, die umzäunte Welt in der Mitte, bezeichnet. Daneben gibt es Jötunheim, die Welt der Riesen, die ungeordnete, gefährliche Welt, die außerhalb des geschützten, umzäunten Bereiches liegt, und Muspelheim, das Feuerreich.

Weiter gibt es in der Unterwelt Niflheim, ein eisiges Gebiet, Helheim, das Totenreich, und Svartalfheim, das Reich der Zwerge.

Im Glauben der Wikinger dreht sich vieles um Werden, Vergehen und Wandlung, wovor auch die Götter nicht gefeit sind. Umspannt wird die Welt der Menschen von einer riesigen Seeschlange, der Midgardschlange, die am Ende der Welt zu deren Zerstörung beitragen wird, indem sie und der Gott Thor sich gegenseitig töten. Sie ist als einigender Kreis um die Welten zerstörerisch und notwendig zugleich.

Die Götter waren für die Menschen in der Zeit der Wikinger allgegenwärtig und fanden ihre Entsprechungen in der Natur und allem, was die Menschen umgab.

Von den Asen kennen wir in erster Linie Göttervater Odin, den Donnergott Thor und Frigg, Schutzherrin von Ehe und

Mutterschaft. Auch dazu gehören aber unter anderem Balder, der schöne Sohn von Odin und Frigg, und Bragi, ein weiterer ihrer Söhne, der als Gott der Dichtkunst bekannt ist. Thyr, Gott des Krieges, und Heimdall, Schutzgott und Himmelswächter, gehören ebenso zu den Asen wie Iduna, die Göttin der Jugend und Unsterblichkeit. Eigentlich von Riesen abstammend, wird der listige und Zwietracht säende Loki auch den Asen zugerechnet.

Zu den Wanen zählen Njörd, der Herr des Meeres, und seine Kinder Freyr und Freya. Sie sind die Götter der Liebe und der Fruchtbarkeit.

Hel, die Tochter Lokis und einer Riesin, ist die Göttin der Unterwelt und der Toten. Sie wird dem Riesengeschlecht zugeordnet. Hels Welt ist neutral und wertfrei und erfährt erst im Zuge der Christianisierung ihre negative Belegung.

Weitere Riesen sind Ymir, der Urzeitriese, der aus Feuer und Eis entstand und aus dessen Körperteilen später die Welt geformt wurde, und Mimir, der am Weltenbaum Yggdrasil die Quelle der Weisheit hütet, sowie der böse Surt, Hüter Muspelheims.

In der heidnischen Welt herrschte demnach eine Vielzahl unterschiedlicher Mächte im häuslichen Leben und in der Natur. Elfen, Zwerge und Riesen leben in ihren eigenen Welten, können aber unter Umständen nach Midgard reisen, wobei sie natürlich auf ihre eigenen Interessen bedacht sind. Elementargeister und verschiedene für uns unsichtbare Wesenheiten teilen sich mit uns Midgard, haben aber ebenso ihre eigenen Anliegen und erscheinen uns daher gut oder böse.

Noch sehr viele weitere Götter hatten in den Gedanken und Ritualen der Wikinger lange Zeit Bestand. Erst die Christianisierung ließ sie verschwinden – oder übernahm sie in die christliche Gedanken- und Feiertagswelt. Schon mehrmals in der Geschichte wurden sie wieder wichtiger und verklärt oder auch für zweifelhafte Gesinnungen instrumentalisiert. Heute beschäftigen sich naturverbundene Glaubensrichtungen wie zum Beispiel die Asatru und die Frühmittelalterszene mit der Götterwelt der Nordmänner.

Was ist von der Götterwelt der Wikinger im alltäglichen Leben erhalten? Da sind zum einen die Wochentage, die nach den alten Göttern benannt wurden, zum Beispiel Donnerstag nach Thyr/Donar. Durch Kinderfilme wie *Wickie auf großer Fahrt* und *Mara und der Feuerbringer* und etwa die Serie *The Last Kingdom* für Erwachsene wird die Welt der Wikinger, wenn auch verklärt, in Erinnerung gehalten. Und nicht wenige beschäftigen sich infolgedessen auch intensiver und wissenschaftlich fundierter mit dieser sehr interessanten Zeit.

TRADITIONELLE GERICHTE

FÜR DIE WAGEMUTIGEN

SVIÐ

GESENGTER LAMMKOPF

ZUTATEN

Lammköpfe

Meersalz

ZUBEREITUNG

Die gesäuberten Köpfe unausgenommen in Salzwasser 1½–2 Stunden kochen und mit Steckrübenpüree oder gedünsteten Möhrchen servieren. Warm und kalt genießbar, dienen sie in Island noch heute als Reiseproviant und Vorspeise.

TIPP

Lammköpfe bekommt man in Asialäden, Afrikaläden oder orientalischen Lebensmittelgeschäften mit Fleischtheke.

HINWEIS

Sviö bedeutet in etwa „abgesengter, halber Schafskopf" und wurde zur Zeit der Wikinger im Þorri, dem vierten Monat des Winters verzehrt. Dieser dauerte etwa vom 22. Januar bis zum 24. Februar. Þorri war wahrscheinlich ein Wintergeist oder ein Wettergott. Es war Sitte, während dieser Zeit zusammenzukommen, den Gottheiten zu opfern und auf ihr Wohl zu trinken und zu essen. Diese Tradition existiert noch heute. Ältere Isländer schwören darauf und nicht selten trifft man auf eine oder einen, für die/den das Auge eine Delikatesse darstellt.

HÁKARL/HAKIKARL

FERMENTIERTER HAI

Achtung!
Dieses Rezept ist nur aus kulturell-historischen Gründen in diesem Kochbuch enthalten. Der Grönlandhai steht auf der Roten Liste gefährdeter Arten. Wer trotzdem Hákarl zubereiten möchte, was wir ausdrücklich ablehnen, muss vorsichtig sein. Wir weisen explizit darauf hin, dass der lange und kalte Winter Islands sicher zum Gelingen des Konservierungsprozesses entscheidend beiträgt, und weder Zauberfeder noch die Autorin übernehmen Garantie für die Bekömmlichkeit oder Haftung für gesundheitliche Schäden infolge des Genusses eines nach diesem Rezept zubereiteten Gerichts.

Das Eingraben und Fermentieren von Lebensmitteln ist eine uralte nordische Konservierungsmethode. Früher wurde auch der skandinavische Gravad Lachs durch Vergraben mit Salz, Pfeffer und Dill haltbar gemacht und geschmacklich veredelt.

ZUBEREITUNG

Den Hai in Streifen schneiden und einen Winter lang am Strand vergraben. Das ist die traditionelle Methode. Alternativ mit Sand 2–3 Monate in Holzkisten aufbewahren und so vom Ammoniak befreien. Den fermentierten Fisch anschließend für 4–6 Monate im Freien zum Trocknen aufhängen. Den trockenen Fisch in kleine Würfel schneiden und in Einmachgläsern aufbewahren.

Beim Verzehr von Hákarl empfiehlt es sich, isländischen Kartoffelschnaps (Brennivín) zu trinken, ansonsten könnte es zu Verdauungsbeschwerden kommen.

HIRVIKÄRISTYS

FINNISCHER ELCHBRATEN

für 4 Personen

ZUTATEN

1 kg	Elchschulter
150 g	Butter
100 ml	Wasser
	Salz, Pfeffer

INFO

Das würzige Elchfleisch ist selbst in Finnland eine gesuchte Spezialität. In Deutschland dürfte es nur gelegentlich in den großen Warenhausketten mit gut sortierten Lebensmittelabteilungen, in einem Delikatessengeschäft oder online zu kaufen sein. Als Ersatz kann Hirsch (Sika) dienen – schließlich ist der Elch die größte und die schwerste Hirschart und ähnelt im Geschmack unserem Hirsch. Elche werden von September bis November gejagt. Außerhalb der Saison wird ihr Fleisch nur tiefgefroren verkauft. Kulinarisch interessant sind nur Elchkälber und Jungbullen bis zum ersten Lebensjahr.

ZUBEREITUNG

Um das Elchfleisch in dünne Scheiben schneiden zu können, für eine Stunde in das Eisfach legen – oder auf Lager in einem kalten Winter draußen über Nacht vor das Zelt. Wird eingefrorenes Elchfleisch verwendet, vor dem Schneiden nicht vollständig auftauen. Leicht gefrorenes Fleisch ist fest und lässt sich mit einem großen schweren Messer recht einfach in hauchdünne Scheiben schneiden, durch die das Messer schon durchscheinen sollte.

Die Fleischscheiben in einer schweren Pfanne in Einzelportionen in der Butter anbraten. Die Pfanne darf nicht zu voll sein, damit das Fleisch kein Wasser zieht. Gebratenes Fleisch in einer angewärmten Schüssel beiseitestellen. Wenn alle Fleischscheiben gebraten sind, noch einmal in die Pfanne geben und das Wasser angießen. Ist das Wasser verdampft, sind die Elchfleischscheiben servierbereit. Auf dem Teller ganz nach Geschmack würzen.

Nach Arte Kultur

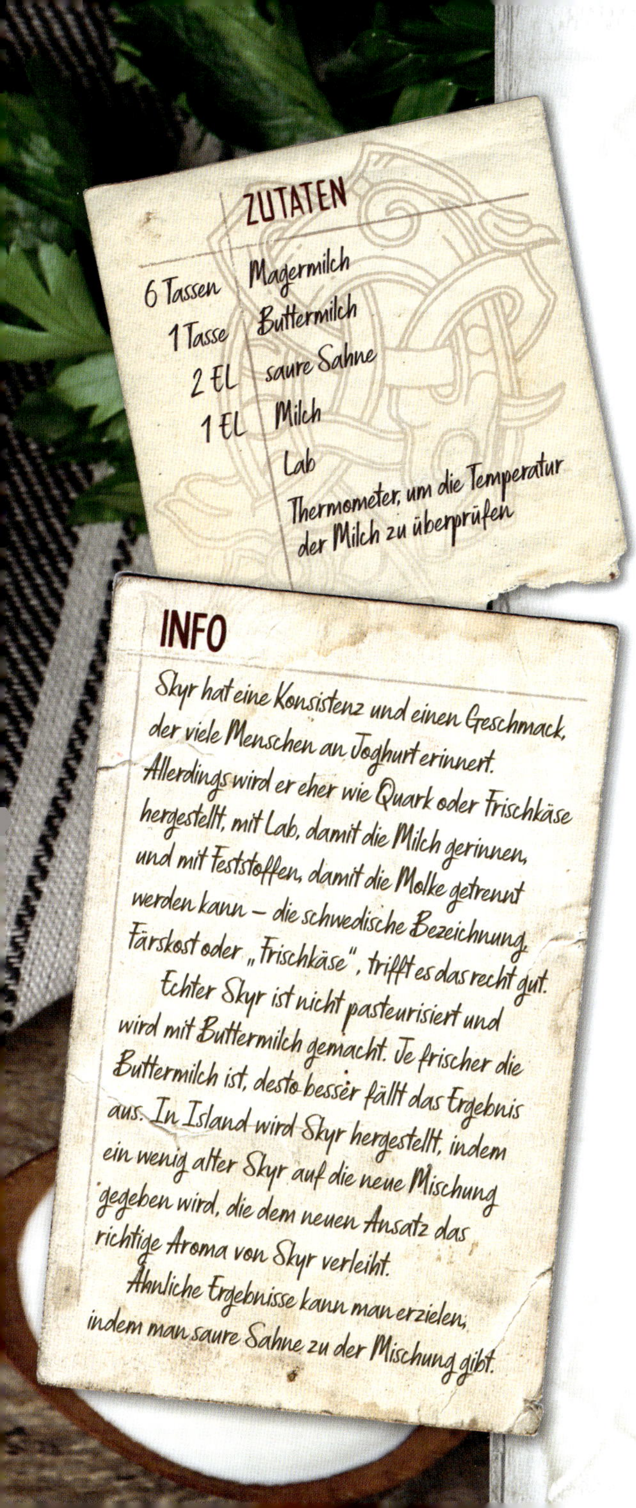

SKYR

SKYR-FÄRSKOST

ZUTATEN

6 Tassen Magermilch
1 Tasse Buttermilch
2 EL saure Sahne
1 EL Milch
Lab
Thermometer, um die Temperatur der Milch zu überprüfen

INFO

Skyr hat eine Konsistenz und einen Geschmack, der viele Menschen an Joghurt erinnert. Allerdings wird er eher wie Quark oder Frischkäse hergestellt, mit Lab, damit die Milch gerinnen, und mit Feststoffen, damit die Molke getrennt werden kann – die schwedische Bezeichnung, Färskost oder „Frischkäse", trifft es das recht gut.

Echter Skyr ist nicht pasteurisiert und wird mit Buttermilch gemacht. Je frischer die Buttermilch ist, desto besser fällt das Ergebnis aus. In Island wird Skyr hergestellt, indem ein wenig alter Skyr auf die neue Mischung gegeben wird, die dem neuen Ansatz das richtige Aroma von Skyr verleiht.

Ähnliche Ergebnisse kann man erzielen, indem man saure Sahne zu der Mischung gibt.

ZUBEREITUNG

Lab sollte man nach den Angaben auf der Packung verwenden. Das gibt es pflanzlich, flüssig oder körnig oder in Tablettenform. Die beiden Sorten Milch auf 85–90 °C erwärmen und dann 10 Minuten die Temperatur halten. Es ist sehr wichtig, dass die Milch weder kocht noch verbrennt und dann auf 38–39 °C heruntergekühlt wird. Die Milch muss etwas abkühlen, da sonst das Lab nicht funktioniert.

Jetzt die Sahne gut mit einem Esslöffel Milch vermischen. Beides in die warme Milch schütten und wieder gut durchrühren. Nun das Lab hinzufügen. Um beste Ergebnisse zu erzielen, muss der Skyr 6 Stunden abkühlen. Wenn man mit einem Messer einen Schnitt in den Skyr macht, sollte er sich nicht gleich wieder schließen.

Dann ein Sieb mit einem Seihtuch oder einem feinen Leinentuch auskleiden und den Skyr durchgießen. Die Enden des Tuches oben zusammenbinden und das Ganze über einen Eimer oder anderen Behälter hängen, damit die Molke langsam abtropfen kann. Skyr entwässern lassen, bis er eine recht feste Konsistenz bekommen hat, etwa wie die von Speiseeis. Bevor man den Skyr weiterverarbeitet, unbedingt mit einem Schneebesen glatt rühren. Er sollte keine Klumpen oder Körner mehr haben.

Skyr kann mit süßer Sahne und Honig verfeinert werden, ebenfalls mit Früchten wie Heidelbeeren, Brombeeren oder Preiselbeeren. Er schmeckt auch deftig mit Knoblauch, Schnittlauch, Petersilie oder gemahlenem Kümmel gewürzt.

Originalrezept nach einem Rezept von Susan Broomé und David Hajtowitz

ÜBERSICHT WILDFRÜCHTE UND -KRÄUTER

Was kann man wann finden?

März

- Bärlauch
- Brennnessel
- Gänseblümchenblätter
- Hopfensprossen
- Huflattichblüten
- Löwenzahnwurzeln und -blätter
- Pappelknospen
- Pimpinellenwurzeln
- Schafgarbe
- Schlehenblüten
- Vogelmiere
- Zichorienwurzeln

April–Mai

- Bärlauchblätter
- Bärwurz
- Brennnessel
- Brombeerblätter
- Ebereschenblüten
- Giersch
- Kerbelkraut
- Löwenzahn (Blüten)
- Sauerampferblätter
- Schlehenblüten
- Spitzwegerichblätter
- Waldmeister

Juni

- Ackerschachtelhalm
- Beinwellblüten und -blätter
- Birkenblätter
- Blüten der echten Kamille
- Holunderblüten
- Johanniskraut
- Mädesüßblüten
- Maulbeere
- Walderdbeere
- Waldhimbeere
- Walnussblätter
- Vogelkirsche

Juli

- Beifuß (Blütenrispe)
- Brombeeren
- Heidelbeere – Früchte reif sammeln, Blätter vor der Fruchtreife für Tee
- Holunder
- Kirschpflaume
- Lindenblüten
- Löwenzahnblüten
- Steinweichsel – nur vollreif pflücken
- Walnuss, grün – als Likör ansetzen

August

- Beifuß
- Brombeere
- Eierschwammerln
- Gemeiner Wacholder – als Gewürz und für Schnaps (Gin)
- Haselnuss
- Himbeere
- Kapuzinerkresse – unreife Früchte zum Einlegen
- Minze
- Preiselbeere
- Roter Holunder – leuchtend rote Früchte, traubenförmig angeordnet

September

- Bärwurzwurzeln
- Haselnüsse
- Kornelkirsche – vollreif ernten
- Maroni, Edelkastanie
- Mostbirne/Wildbirne
- Preiselbeere
- Quitte – leuchtend gelbe Früchte
- Sanddorn – Marmelade, Likör (dabei keine Äste abschneiden)
- Schwarzer Holunder – Beeren immer kochen für Wein oder Mus
- Speierling – sehen wie kleine rotbackige Äpfel aus, zu Hause reifen lassen, bis sie schokoladenbraun sind
- Weintraube
- Weißdorn – Tee oder in Verbindung mit anderen Früchten
- Wildrose – die Hagebutten ernten, wenn sie weich sind und sich gut vom Stängel zupfen lassen, sehr hoher Vitamin-C-Gehalt, Tee ist sehr gesund
- Zwetschke

Oktober

- Berberitze
- Bucheckern – getrocknet und geröstet (zum Naschen)
- Pilze
- Schlehe – herb, aber für Fruchtmus geeignet, nach dem Frost süßer
- Walnuss (Walnussbäume gab es tatsächlich schon zur Wikingerzeit)

November

- Eberesche – nach dem ersten Frost ernten. Zum Sirup einkochen und in Heißgetränke geben
- Mispel

Ganzjährig

- „Ackerunkräuter" (z. B. Wegerich)
- Brunnenkresse
- Gänseblümchen
- Gundermann
- Löffelkraut – wild an der Nordsee
- Sauerampfer
- Meerkohl – wild auf Ostseeinseln
- Queller – wild an der Nordsee – als Salzersatz
- Vogelmiere
- Wasserlinsen

ÜBER DIE AUTORIN

Ich bin bereits seit 2001 aktiv in der Mittelalterszene unterwegs. Saeta – „die Süße": Diesen nordischen Namen habe ich mir selbst ausgesucht und er ist mittlerweile mein wirkliches Ich geworden – weil ich oft „Süße" genannt wurde und ich gerne süße Gerichte koche.

Doch ich war nicht immer Saeta. An meine Anfänge als Marktbesucherin, nach einiger Zeit wegen der Faszination für Lager und Leute schließlich selbst als Gewandete, erinnere ich mich noch gerne zurück. Es war nicht unbedingt leicht, in die „geschlossene Gesellschaft" des Mittelalters hineinzukommen. Man ist eben für längere Zeit noch ein „gewandeter Touri", also ein Marktbesucher ohne authentische Kleidung.

Im Jahre 2001 wurde ich in einer Online-Community aufgrund meines Mittelalterhobbys von einem Gleichgesinnten gefunden und ich stieg in die frühmittelalterliche Szene der Wikinger ein. Bald schon musste ich mir überlegen, welches Handwerk auf Dauer auf den Lagern zu meiner Bestimmung werden könnte. Meine ursprüngliche Idee, das Nähen, verwarf ich schnell wieder und stellte mich schon bald ans Kochfeuer. Stets zählte der Spaß an der Sache mehr, als meine Küche zu 100 Prozent mit originalen (und teuren) Repliken auszustaffieren. Inzwischen ist ein guter Teil des Kochzubehörs extra für mich angefertigt worden.

Viele Jahre war ich die geliebte Sippenköchin und ich bin die „Mutti" für alle im Bernsteinring, einer Wikingersippe. Das große A für authentische Kleidung und Gebrauchsgegenstände ist mittlerweile auch bei mir angelangt. So sind meine Gewandungen aus Leinen oder Wolle handgenäht, die Kochtöpfe sind genietet, die Schüsseln und Löffel geschnitzt und die verwendeten Lebensmittel so weit wie möglich zeitgemäß.

Meine Homepage www.saeta.de, inzwischen in die Bereiche Kochen und Nähen unterteilt, war viele Jahre für Marktberichte und Rezepte bekannt. So wurde 2009 die Idee geboren, ein Kochbuch daraus zu machen. Alles schwarz auf weiß gedruckt zu sehen, war sehr schön. Meine Hoffnung, dass viele Mittelalterliebhaber und -darsteller die Rezepte verwenden, um sich und ihre Gäste gut und lecker zu verköstigen, hat sich bewahrheitet, und die Rückmeldungen aus der Mittelalterszene waren durchweg positiv! Nach mehr als zehn Jahren kommt nun eine überarbeitete Version heraus, worauf ich mich freue.

Eure Saeta

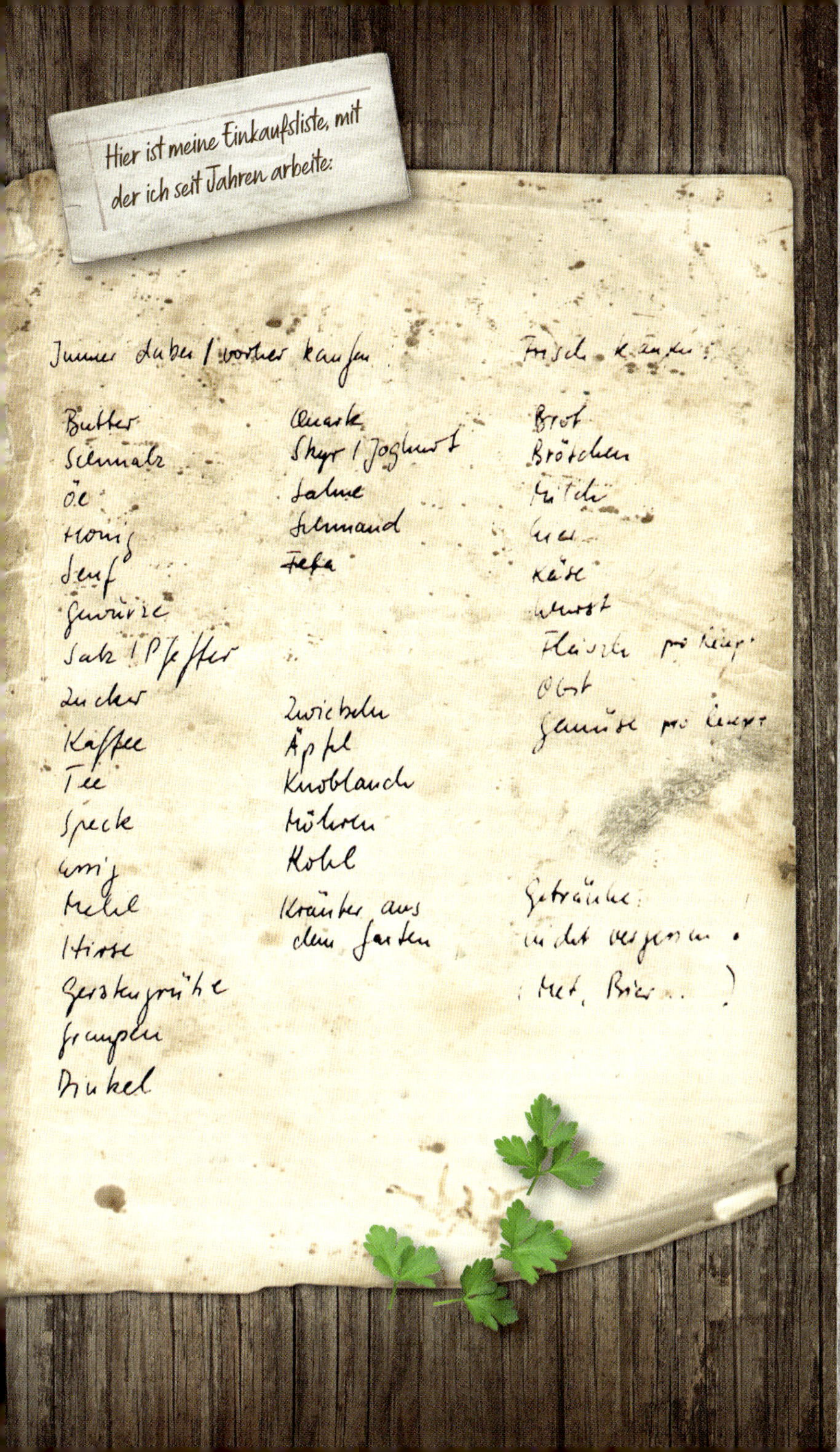

Hier ist meine Einkaufsliste, mit der ich seit Jahren arbeite:

Immer dabei / vorher kaufen

Butter
Schmalz
Öl
Honig
Senf
Gewürze
Salz / Pfeffer
Zucker
Kaffee
Tee
Speck
Essig
Mehl
Hirse
Gerstengrütze
Graupen
Dinkel

Quark
Skyr / Joghurt
Sahne
Schmand
Feta
Zwiebeln
Äpfel
Knoblauch
Möhren
Kohl
Kräuter aus dem Garten

Frisch kaufen:

Brot
Brötchen
Milch
Eier
Käse
Wurst
Fleisch pro Rezept
Obst
Gemüse pro Rezept

Getränke: nicht vergessen! (Met, Bier ...)

BIBLIOGRAFIE

Kochen

Fahrenkamp, Hans Jürgen (Hg.): *Wie man eyn teutsches Mannsbild bey Kräfften hält.* München, 1986.

Fant, Michaël, Lundgren, Roger und Thore Isaksson: *Vikingars Gästabud* (= Das Wikingerfest, Dänisch). Malmö, 1998.

Mythologie

Die Edda. Hrsg. von Manfred Stange. Wiesbaden, 2004.

Die Edda des Snorri Sturluson. Hrsg. von Arnulf Krause. Stuttgart, 1997.

Die Prosa-Edda des Snorri Sturluson. Übers. und komment. von Arthur Hány. Zürich, 1991.

Simek, Rudolf: *Götter und Kulte der Germanen.* Stuttgart, 2006.

Simek, Rudolf: *Lexikon der germanischen Mythologie.* 3. Auflage. Stuttgart, 2006.

Geschichtliches und Nachschlagewerke

Brown, Dale, u. a.: *Die Wikinger. Abenteurer aus dem Norden.* München, 1994.

Gianadda, Roberta: *Bildlexikon der Völker und Kulturen.* Band 8. Berlin, 2008.

Konstam, Angus: *Die Wikinger: Geschichte, Eroberungen, Kultur.* Wien, 2005.

Peters, Sigrid: Römische Küche: Pullus Varianus – Huhn à la Varius, in: *Abenteuer Archäologie* 2/2005.

Peters, Sigrid: Mittelalterliche Küche: Hühnerfleisch in Mangold auf Selleriepüree, in: *Abenteuer Archäologie* 1/2007.

Sawyer, Peter und Thomas Bertram: *Die Wikinger. Geschichte und Kultur eines Seefahrervolkes.* Hamburg, 2008.

Simek, Rudolf: *Die Wikinger.* 3. Auflage. München, 2002.

EBENFALLS BEI Zauberfeder